# STAMPED

## (Para niños)

**El racismo, el antirracismo y tú**

# STAMPED

## (Para niños)

### El racismo, el antirracismo y tú

Adaptación de
**SONJA CHERRY-PAULDE**
de *Stamped: el racismo, el antirracismo y tú* de
**JASON REYNOLDS,**
una adaptación de *Stamped from the Beginning* de
**IBRAM X. KENDI**

Ilustraciones de **RACHELLE BAKER**

VINTAGE ESPAÑOL

Título original: *Stamped (For Kids): Racism, Antiracism, and You*
Esta traducción es publicada por acuerdo con Little, Brown and Company, New York,
New York, USA. Todos los derechos reservados.

Adaptación de *Stamped: el racismo, el antirracismo y tú* (una adaptación de la obra ganadora
del National Book Award *Stamped from the Beginning*)

Primera edición: junio de 2022

Traducción: 2021, Daniel Esparza
Diseño de cubierta: Karina Granda
Ilustración de cubierta: © 2021, Rachelle Baker

Impreso en Colombia / *Printed in Colombia*

ISBN: 978-1-64473-596-1

23 24 25 26 27   10 9 8 7 6 5 4 3 2

Para January Hartwell,
mi tátara-tatarabuelo.
J. R.

⌘

A las vidas que dijeron que no importaban.
I. X. K.

⌘

A Big Ma y Bully, por todo lo que han sembrado.
S. C. P.

⌘

A Bridgette, mi madre, siempre.
R. B.

# ÍNDICE

# HABLANDO SOBRE LA RAZA

Querido lector:

Quizá te preguntes *¿qué es exactamente este libro?* porque estás acostumbrado a leer historias de ficción, cuentos de hadas, fantasías sobre héroes y monstruos, o cuentos para dormir sobre épocas divertidas que existieron mucho antes de que nacieras. También es probable que hayas leído varios libros de no ficción: libros sobre el sistema solar, sobre animales fantásticos como los hombres-lobo, sobre acontecimientos históricos como la Guerra de la Independencia, y biografías sobre pioneros como Harriet Tubman, Rosa Parks o Martin Luther King Jr. Cuando has leído libros sobre personas y acontecimientos del pasado, quizá hayas pensado: *¿Qué tiene que ver esto con mi vida actual?* Pues bien, este libro incluye el pasado y está directamente relacionado con nuestras vidas tal y como las vivimos en este instante.

A medida que leas este libro, te encontrarás con un montón de gente. Puede que ya conozcas a algunos de ellos, pero este libro puede hacerte pensar en ellos de una manera totalmente nueva. De hecho, puede que incluso veas tu propia vida de forma diferente.

Verás, este libro es un regalo. No es como un regalo de cumpleaños, sino como un regalo del presente. O tal vez solo un libro cotidiano. Un libro sobre el aquí y el ahora, un libro que puede ayudarte a entender, por ejemplo, de qué trata el movimiento *Black Lives Matter* (Las Vidas Negras Importan). Es un libro que puede ayudarte a comprender mejor dónde estamos en este momento como estadounidenses y cómo hemos llegado hasta aquí, especialmente en lo que respecta a la raza.

Oh, oh. La palabra con *R*. Puede que te hayan dicho que no hables de raza, o que te hayan hecho sentir que no puedes hacerlo, como si fuera una mala palabra. Pero no lo es. No debería serlo. No puede serlo. Así que respiremos profundamente. Inhala. Aguanta la respiración. Exhala:

**R A Z A**

¿Ves? No es tan malo. Seguiremos haciendo pausas —para respirar y sentir— a medida que lees, piensas y hablas sobre la raza. Además, hablar de la raza es una de las habilidades más importantes que puedes aprender. Piensa en lo más *cool* que puedes hacer. Poder hablar de la raza es eso, pero multiplicado por dos, y tres veces más importante. La razón es esta:

**Hasta que no aprendamos a hablar de la raza, el veneno del racismo no desaparecerá.**

Mientras lees y piensas en la raza, piensa también en una cuerda. A veces la cuerda puede salvar vidas: ayuda a los escaladores a subir con facilidad y les protege de las caídas. A veces la cuerda puede ser un arma: puede utilizarse para controlar y causar daño. La cuerda también puede unir a las personas y a las cosas de forma poderosa: así como tus amigos se reúnen en verano para saltar la cuerda, o como un columpio que te lleva al cielo cuelga de la rama de un árbol.

La cuerda puede utilizarse para atar, tirar, sujetar y levantar.

¿Cómo termina la gente atada a las ideas racistas y antirracistas? ¿Quiénes son las personas que tiran de cada extremo de la cuerda? ¿De qué manera las ideas racistas mantienen a la gente inmóvil, contra el suelo? ¿Y cómo las ideas antirracistas levantan a la gente?

¿Cómo se enredaron tanto las cosas en primer lugar? Y ¿quiénes son las personas que trabajan para desenredar el lío?

Mientras te aferras a la imagen de la cuerda, recuerda también tres palabras. Tres palabras para describir a las personas que vamos a explorar y las ideas a las que están atadas:

## SEGREGACIONISTA
## ASIMILACIONISTA
## **ANTIRRACISTA**

Hay definiciones serias para estas cosas, pero... voy a darte las mías.

Los segregacionistas son gente que odia. Odian *de verdad*. Te odian por no ser como ellos.

Los asimilacionistas son personas que te quieren *solo* si actúas como ellos.

Y luego están los antirracistas. Te quieren porque eres tú.

Estas no son solo palabras que usaremos para describir a las personas de este libro. Recuerda, este es más que un libro sobre el pasado —es un libro sobre el presente—. Un libro del día a día. Estas son las palabras que usaremos para describir quiénes somos tú, yo y todos nosotros... todos los días.

A lo largo del camino te darás cuenta de que la gente no es siempre de una sola manera: puede creer y expresar cualquiera de esas tres ideas, a veces todas en la misma frase. Además, y lo que es más importante, la gente puede cambiar.

Repito:

# LA GENTE PUEDE CAMBIAR

Desde el comienzo de los Estados Unidos de América, ha habido diferentes ideas sobre lo que significa la libertad y para quién es la libertad. Estas ideas disímiles siempre han estado relacionadas con la raza. Este libro pretende llevarte a un viaje racial desde entonces hasta ahora, con algunos individuos que podrías considerar como nuevos héroes: antirracistas que nos ayudan a vernos a nosotros mismos, que te quieren porque eres tú.

Una última cosa: algo que verás en este libro es que todas las historias tienen puntos de vista. Y en estas páginas oirás *mi* voz, conduciéndote en este viaje. Pero quiero dejar algo claro: este no es un libro de mis opiniones. Este es un libro sobre América y sobre ti. Este libro está lleno de *verdad*. Está repleto de *datos* absolutamente

verídicos sobre las decisiones que la gente tomó durante cientos de años para llegar a donde estamos hoy —decisiones que la gente sigue tomando hoy en día.

Así que, mientras lees, recuerda que tú eres parte de la escritura del siguiente capítulo. Las decisiones que tomes, las palabras que utilices, la forma en que te veas a ti mismo y a los que te rodean... todo es importante. Tú importas. Espero que creas que el mundo puede ser bueno, que las cosas pueden cambiar, y que conocer esta historia puede ayudarnos a avanzar hacia un futuro mejor y más honesto. Todos los días.

# I

# Una gran mentira
## 1415-1619

Bien, ¿POR DÓNDE EMPEZAMOS? PODRÍAMOS comenzar con el primer *hater* que hizo populares las ideas racistas. Fue hace muuucho, en 1415, cuando los europeos estaban ocupados conquistando un montón de países. Y cuando conquistaban un lugar, capturaban y esclavizaban a la gente que ya vivía allí como si estuvieran recogiendo recuerdos de vacaciones.

En aquel entonces, la esclavitud no tenía nada que ver con el color de la piel. No importaba tu aspecto, solo importaba que fueras conquistado. Hasta que este *hater*, un hombre llamado Gomes Eanes de Zurara, hizo famosas sus nuevas ideas sobre la esclavitud. Estas nuevas ideas *sí* relacionaban la esclavitud con el color de la piel, así como con la idea de hacer mucho dinero comerciando con personas esclavizadas. ¿Cómo logró esto Zurara?

A través de la narración.

## Hagamos una PAUSA

Las palabras importan. Las historias importan. Las mentiras importan. Todas pueden influir en nuestra forma de pensar, en lo que creemos y en nuestra forma de actuar. A medida que avanzamos, presta atención al modo en que las palabras, las historias y las mentiras hacen precisamente eso: cómo influyen en lo que pensamos sobre las personas y la raza... y en cómo actuamos.

## Fin de la PAUSA

Zurara escribió una biografía, un libro sobre la vida y las actividades de comercio de esclavos de su jefe, el príncipe Enrique de Portugal. Zurara no era quien esclavizaba o atacaba físicamente a los africanos —de hecho, estaba al margen—. Pero él escribió la historia, así que él puso las reglas. Y utilizó esta historia —su perturbador cuento de hadas— para hacer que el príncipe Enrique pareciera una especie de buen tipo, como si su pasión por secuestrar y esclavizar a los africanos fuera algo noble en lugar de algo malvado.

Zurara hablaba de poseer humanos como si fueran pares de zapatos de deporte, aunque describía a los africanos como "animales salvajes" que necesitaban ser entrenados —y definitivamente no solemos hablar así sobre nuestros zapatos de deporte—. Así que tal vez los veía más como zapatos de vestir: unas cosas negras y brillantes que había que usar y usar y usar hasta que se rompieran y se ablandaran y se volvieran cómodas. Y, lo que es peor, afirmaba que esclavizar a los africanos era una misión ordenada por Dios. ¿Dios? ¿Puedes creer eso? Y decía que era el deber de los europeos civilizar y domesticar a los africanos y enseñarles el cristianismo para salvar sus miserables almas. Con el tiempo, estas mentiras racistas empezarían a convencer a algunos africanos de que no eran tan buenos como los blancos.

Zurara fue la primera persona que escribió y defendió la propiedad humana sobre los *negros*, y su libro, que fue un éxito, sembró ideas falsas, antinegras y racistas en las mentes de muchos europeos. Esas ideas no tardaron en calar y en afianzarse.

Tras la ridícula mentira de Zurara, otros europeos siguieron sus pasos racistas y difundieron sus propias ideas que justificaban la esclavitud. *Copycats,* imitadores. Algunos decidieron que los africanos eran inferiores, menos humanos, y que eran negros simplemente porque el clima en África es caluroso, y que si se mudaban a temperaturas más frías podrían volverse blancos. ¡Ridículo! Un escritor inglés dijo que ser negro era una maldición de Dios. También ridículo. Otras ideas absurdas eran que, dado que los africanos estaban "malditos", *necesitaban* ser esclavizados para que la maldición desapareciera. Y que la relación entre las personas esclavizadas y sus esclavizadores era amable y cariñosa, como la de los niños con sus padres. Definitivamente, ¡es ridículo! Estas ideas fueron intentos de pintar una imagen falsa sobre la terrible experiencia de los seres humanos que fueron forzados a la esclavitud, todo para que los esclavistas blancos se sintieran mejor al esclavizar a los negros.

Y cuando los europeos se apoderaron de la tierra que más tarde llamarían América, trajeron todas estas ideas ridículas, tontas y descabelladas con ellos.

# 2
# Tierra robada, vidas robadas
## 1619-1688

En 1619, EL PRIMER BARCO QUE TRANSPORTABA A personas africanas esclavizadas llegó a la recién colonizada América. América recibió la esclavitud con los brazos abiertos y la utilizó para construir este nuevo país.

Pasaron los años. Llegaron más y más europeos, huyendo de quienes los odiaban y buscando libertades y oportunidades. Algunos de estos recién llegados eran misioneros, gente religiosa que quería difundir su religión, incluidos ministros puritanos que seguían estrictas normas religiosas. Cuando llegaron a América, crearon iglesias y escuelas para enseñar su forma de pensar: que eran mejores que cualquiera que no fuera puritano, y *mucho* mejores que los nativos americanos y los africanos. Enseñaban esas ideas en sus iglesias y escuelas, lo que, junto con las ideas de Zurara y otros, ayudó a justificar la esclavitud durante mucho, mucho tiempo, porque estaba ligada a la iglesia y la escuela, que son básicamente el tocino y los huevos del país. ¿O quizá el pan y el queso? Tú entiendes.

Los americanos actuaban como si estuvieran jugando a uno de esos videojuegos en los que tienes que construir un mundo. Excepto que eso es racista, porque los nativos americanos ya habían construido un mundo. Pero una red social de granjeros y misioneros tomó a la fuerza ese mundo nativo, apoderándose de sus tierras.

¿Y qué hacían en esas tierras? Plantar y cosechar tabaco. El tabaco no es una planta muy grande, pero puede traer grandes sumas de dinero: los europeos ricos pagaban muy bien el tabaco para fumar y esnifar. Pero para que el tabaco realmente generara mucho dinero y se convirtiera en un recurso natural para financiar el país, los granjeros necesitarían más recursos *humanos* para cultivarlo.

¿Ves hacia dónde va todo esto? La esclavitud.

Pero recuerde, América estaba llena de gente de la iglesia y gente de la tierra. Y los nuevos africanos esclavizados causarían conflicto entre ambos. Para los plantadores, la esclavitud significaba que no tenían que pagar mano de obra, lo que les hacía ganar mucho dinero. Para los misioneros, la esclavitud significaba nuevas almas que convertir. Básicamente, los plantadores querían hacer crecer sus ganancias, mientras que los misioneros querían hacer crecer su iglesia.

Nadie se preocupaba por lo que querían los africanos esclavizados, pero estoy dispuesto a apostar que no querían la religión de sus esclavizadores, menos ser esclavizados.

Algunos de los esclavistas se resistieron a la presión de los misioneros para convertir a los africanos esclavizados. No les importaba tanto "salvar almas" como salvar sus cosechas y ganar más dinero. A muchos esclavistas les preocupaba que si las personas esclavizadas tenían la misma religión que ellos, ya no podrían esclavizarlas. Así que se inventaron excusas racistas para explicar la imposibilidad de la conversión de los africanos, como que eran salvajes e inhumanos y no merecían el amor de nadie, ni siquiera el de Dios.

# 3

# Las personas no son propiedades

## 1688-1772

**M**UCHOS OTROS EUROPEOS CONTINUARON LA tradición de Zurara de escribir cosas perjudiciales sobre los africanos, utilizando la palabra para influir en las creencias y acciones de la gente. Un ministro británico llamado Richard Baxter dijo que la esclavitud *ayudaba* a los africanos, y que había africanos que *querían* ser esclavizados para poder ser bautizados. Un filósofo inglés llamado John Locke dijo que solo los blancos tenían mentes puras y perfectas. El filósofo italiano Lucilio Vanini dijo que los africanos pertenecían a una especie diferente de los blancos. Básicamente, un montón de gente decía un montón de tonterías sobre los africanos solo para justificar la esclavitud.

## [ Hagamos una PAUSA ]

Sé que no hemos parado de hablar sobre la gente que trabajaba para justificar la esclavitud, pero es importante (muy importante) señalar que también hubo personas que lucharon contra las ideas racistas con ideas abolicionistas.

Por ejemplo, los miembros de un grupo cristiano hicieron circular una petición contra la esclavitud que comparaba la crueldad por el color de la piel con la crueldad por las creencias religiosas. Ambos tipos de opresión estaban mal. Esta petición de 1688 fue el primer escrito antirracista de los colonizadores europeos en América.

Pero las ideas racistas, como una cuerda enmarañada, no son fáciles de desenredar.

> Piensa en la forma en que la cuerda conecta las cosas. Ahora piensa en qué ideas racistas se han conectado hasta ahora: El color de la piel. El dinero. La religión. La tierra.
>
> ## [ Fin de la PAUSA ]

En Estados Unidos, a los ricos terratenientes blancos les preocupaba que los blancos pobres que no poseían tierras se unieran a los nativos americanos y a los esclavos africanos para intentar mejorar sus vidas. Para asegurarse de obtener más tierras, más dinero y más poder, los terratenientes decidieron que necesitaban que los blancos pobres —todos los blancos, de hecho— sintieran que estaban en el mismo bando, que eran especiales. ¿Cómo lo hicieron? Decidiendo que todos los blancos tendrían privilegios —beneficios y protecciones por el mero hecho de ser blancos— sin importar el poco o mucho dinero que tuvieran. Todos los blancos serían considerados y tratados como especiales, mejores que todos los no blancos, y tendrían ahora poder absoluto para castigar y abusar de cualquier persona africana.

Pero con tanta gente esclavizada trabajando gratis en los campos, los esclavistas temían un levantamiento, una revuelta. Así que crearon un montón de reglas racistas, como leyes que impedían a los negros casarse con blancos, que impedían a los negros ir a donde querían cuando querían, y que impedían a los negros estar en posiciones de poder.

Pero ¿cuál fue la regla principal, la que hizo que la esclavitud se mantuviera...? Tratar a las personas esclavizadas como propiedad, como una cosa que se compra y se posee. Como los caballos y los cerdos, no como seres humanos. Y ciertamente no como seres humanos con inteligencia.

## UNA POETISA NEGRA

**Phillis Wheatley** fue un ejemplo de #BlackGirlMagic antes de que existieran los *hashtags*. Unía palabras y líneas para crear versos que rimaban —era poeta en una época en la que

era básicamente imposible que una chica negra fuera poeta—. Se convirtió en la primera mujer afroamericana en publicar un libro.

De pequeña, Wheatley fue capturada y traída a los Estados Unidos. Fue comprada por la familia Wheatley, que la educó en casa. A los once años ya había escrito su primer poema. A los doce ya podía leer los clásicos griegos y latinos, literatura inglesa y la Biblia. A los catorce publicó su primer poema. A los diecinueve había escrito tantos poemas que comenzó a reunirlos en una colección.

Wheatley desbarató la creencia de que los negros no eran inteligentes, dándole la vuelta a esa idea racista. ¡Tenía una inteligencia y una creatividad que los blancos no podían creer!

Muchos blancos aceptaron la ridícula y racista idea de que los negros esclavizados no podían ser inteligentes. Entonces llegó un médico que estaba en contra de la esclavitud y dijo que Phillis Wheatley era la prueba de que los negros no habían nacido salvajes, sino que la esclavitud los había *convertido* en seres inhumanos. ¡Oh! ¿Ves el problema? ¡Él sigue diciendo que los negros no son humanos, lo cual es racista! Y es asimilacionista ignorar la inteligencia y las artes de los africanos esclavizados, decir que un negro tiene que ser como Wheatley (que fue educada por y como los blancos) para ser considerado inteligente.

Recuerda, una idea racista es cualquier idea que sugiera que hay algo incorrecto o correcto, superior o inferior, mejor o peor, inherente a un grupo racial. Una idea antirracista es cualquier idea que sugiera que los grupos raciales son iguales.

Lo que nos lleva de nuevo a Wheatley: ser una poetisa negra en una época en la que la poesía era solo para y por los blancos ricos significaba que nadie publicaría su libro. Al menos nadie en Estados Unidos.

Los británicos publicaron la obra de Wheatley. Y utilizaron su trabajo —su inteligencia— como una forma de despreciar la esclavitud americana. Con la esclavitud eliminada en Gran Bretaña, y dado que Gran Bretaña controlaba lo que es hoy Estados Unidos, tenía sentido que el gobierno británico pronto prohibiera la esclavitud en sus colonias americanas.

Pero la esclavitud era la máquina de hacer dinero de Estados Unidos: proporcionaba mano de obra gratuita para producir recursos que ayudarían a Estados Unidos a crecer, lo que generaba dinero para los americanos blancos. Y para que los americanos blancos se sintieran cómodos con la continuidad de la esclavitud, tenían que liberarse de Gran Bretaña de una vez por todas.

# 4

# Los defectuosos Padres Fundadores
## 1776-1787

APRENDER LA HISTORIA DEL RACISMO SIGNIFICA descubrir que algunas personas, incluso algunas que quizá consideramos héroes, eran individuos profundamente defectuosos que pensaban y hacían cosas racistas. Esto puede resultar aplastante. Uf. No es fácil ser un buscador de la verdad.

Pero el asunto es así: conocer la verdad del pasado te ayuda a entender la verdad de hoy y a tomar decisiones diferentes. A erradicar las ideas racistas y abrazar las antirracistas.

Esto nos lleva a Thomas Jefferson.

En 1776, Estados Unidos se empeñaba en tener personas como propiedades, pero no quería ser propiedad de Gran Bretaña. Hablemos de contradicciones. Y, hablando de contradicciones, nadie era más indeciso que Thomas Jefferson. Seguro ha escuchado de Jefferson: es el tipo que escribió la Declaración de Independencia, el documento de la libertad de Estados Unidos, que afirma que "todos los hombres son creados iguales". Pero ¿se consideraba a los esclavizados como "hombres"? ¿Y qué hay de las mujeres? ¿Se refería a la libertad para todos o solo para Estados Unidos frente a Inglaterra? ¿Y qué significaba que las partes antirracistas de la Declaración, como cuando Jefferson describía la esclavitud como una "guerra cruel contra la naturaleza humana", fueran eliminadas del documento final?

¡Esto es tan confuso que la cabeza me da vueltas! De hecho, cuando se trataba de los negros, los pensamientos de Jefferson eran a menudo muy confusos. El hombre que escribió el documento de la libertad de Estados Unidos también fue propietario de más de seiscientos esclavos a lo largo de su vida, y escribió un libro en el que decía que los negros no eran iguales a los blancos. Sus acciones e ideas eran racistas. De hecho, la mayoría de los Padres Fundadores —los líderes que determinaron cómo se dirigiría Estados Unidos como país— esclavizaron personas y expresaron ideas racistas incluso mientras luchaban por su propia libertad de Gran Bretaña.

***

Al final, tras años de lucha contra los británicos, Estados Unidos se liberó de su control. Salió de la Guerra Revolucionaria necesitando un gobierno más fuerte, por lo que los Fundadores redactaron una nueva constitución. ¿Y adivinen qué se incluyó en esta constitución? Ideas racistas. He aquí un ejemplo: los Padres Fundadores trataron de determinar cuánto poder tendría cada estado en el gobierno. A esto lo llamamos representación.

Decidieron que el número de representantes de un estado se basaría en parte en el número de personas que vivieran en ese estado. A los estados más grandes y con más habitantes les gustaba esta idea porque querían tener más voz en el gobierno. Imagina que la clase con más alumnos pudiera elegir lo que la cafetería sirve en el almuerzo. Tú quieres patatas fritas, pero la clase más grande dice que no, que comamos patatas al horno.

Eso daría bastante miedo, ¿verdad? Pues bien, el mismo miedo sentían los estados más pequeños porque creían que sus necesidades serían ignoradas.

¿Y qué pasaba con los estados del sur que tenían más personas esclavizadas que los estados del norte? Si las personas esclavizadas contaban como personas, los estados del sur tendrían sin duda más voz en el gobierno. Pero los estados del norte lo vieron claro: dado que los esclavos eran "propiedad" y eran tratados como tal, ¿por qué ahora serían considerados como seres humanos?

Los Padres Fundadores decidieron llegar a un acuerdo de compromiso. Este acuerdo implicaba... una fracción. Cada persona esclavizada NO contaría como un ser humano completo, sino como tres quintos de una persona. Así que, para hacer las cuentas, cinco personas esclavizadas equivaldrían a tres personas blancas.

Los estados del sur aceptaron este compromiso porque así obtendrían un poco más de representación y poder en el gobierno. Los estados del norte aceptaron porque, de todos modos, los estados del sur no alcanzarían *tanto* poder como el que tendrían si las personas esclavizadas contaran como... personas, en lugar de fracciones. Los asimilacionistas y los segregacionistas estaban satisfechos porque el acuerdo encajaba con el argumento de que los negros no eran totalmente humanos. (¡Patatas fritas y horneadas… y racismo para todos!)

Las matemáticas se utilizaron como un arma contra los negros. Y este acuerdo permitió que la esclavitud y las ideas racistas quedaran permanentemente estampadas en la Constitución de Estados Unidos de América.

## Hagamos una PAUSA

Mientras había gente que trabajaba para justificar la esclavitud, había gente que luchaba contra ella. Las voces racistas se impusieron a las antirracistas. Sin embargo, los negros siempre han resistido y luchado contra las ideas racistas. Aférrate a esto.

## Fin de la PAUSA

# 5

# El contrataque

## 1790-1804

A LO LARGO DEL SUR, LAS PERSONAS ESCLAVIZADAS huían hacia los estados libres siempre que podían.

Algunos abolicionistas, que se oponían a la esclavitud, instaban a los negros estadounidenses que escapaban de la esclavitud a vivir y comportarse de manera que los blancos los aceptaran. Por ejemplo, decían que los negros debían ir a la iglesia con regularidad, hablar un inglés "correcto", aprender oficios y casarse, todo ello para demostrar a los blancos que los estereotipos sobre los negros eran erróneos.

## Hagamos una PAUSA

Se animó a los negros a no ser ellos mismos, sino a cambiar para encajar en las ideas de los blancos sobre lo que significa ser civilizado y humano. Esto es racista. Porque lo que estos abolicionistas *realmente* estaban diciendo era que los negros debían hacerse pequeños, poco amenazantes, silenciosos y mansos, no ser líderes sino seguidores, solo para que los blancos los dejaran en paz. Esta es la base del pensamiento asimilacionista: que los negros deben comportarse de manera que los blancos se sientan cómodos con su existencia. Recuerda esto.

## Fin de la PAUSA

Las personas esclavizadas querían libertad y estaban dispuestas a arriesgar sus vidas por ella. Y la lucha por la libertad no ocurría solo en Estados Unidos, también estaba sucediendo en otros países. Como en Haití.

Francia, al igual que Inglaterra, es un país europeo que conquistó otras naciones en el mundo. Haití fue una de ellas. Pero en 1791, los negros se resistieron: cerca de medio millón de africanos esclavizados en Haití se levantaron y lucharon contra los franceses. Y ganaron. Y gracias a esa victoria, Haití —y no Estados Unidos— se convirtió en un símbolo de la libertad. Y eso asustaba a todos los esclavistas estadounidenses, porque sabían que la Revolución Haitiana inspiraría a los negros de Estados Unidos a luchar también.

Inspiradas por la Revolución Haitiana, las personas esclavizadas de Estados Unidos siguieron planeando formas de escapar o rebelarse. Por la libertad. Reclutaron aliados: blancos, nativos americanos, metodistas, cuáqueros; antirracistas de cualquier color o religión eran necesarios para la lucha por la libertad.

Estos aliados eran más importantes que los asimilacionistas —incluidos los asimilacionistas negros.

Por ejemplo, varios miles de esclavos y aliados planearon la que habría sido la mayor revuelta de esclavos en la historia de Norteamérica. Fue liderada por un herrero esclavizado llamado Gabriel Prosser. Prosser planificó un levantamiento que liberaría a las personas esclavizadas y mataría a los esclavistas, todo en nombre de la libertad. Pero estos planes se vieron truncados por dos hombres esclavizados que eran más leales a sus esclavizadores que a la esperanza de la liberación.

Esta revuelta fallida dejó a los esclavizadores temerosos de ser los siguientes y que nadie les avisara con antelación. ¿Y qué hicieron? Adivinaste: concibieron aún más ideas racistas para proteger las vidas blancas.

# 6

# Palabras vs. Acciones
## 1801-1826

Cuando Thomas Jefferson se hizo presidente en 1801, se habló y se debatió mucho sobre qué hacer con el tema de la esclavitud. Una de las ideas que barajaban los asimilacionistas blancos era que los negros "volvieran" a África y al Caribe. Pero los negros no querían "volver" a un lugar que muchos nunca habían conocido: sus antepasados habían sido capturados en África y llevados a Norteamérica, donde nacieron generaciones de negros. Habían construido América como esclavos y querían lo que se les debía: libertad en el país que habían construido. América era ahora su tierra.

¿Ves cómo las ideas racistas de hoy están vinculadas a las ideas racistas del pasado? La frase "¡Vuelve al lugar de donde viniste!", que a veces se le dirige a las personas negras y de color hoy en día, está relacionada con la idea de "volver al lugar de donde vinieron" del pasado. Ahora podemos rastrear sus orígenes hasta Thomas Jefferson. (Por cierto, imagina lo que los nativos americanos y los negros debían desear para sus opresores blancos: ¿podemos enviar a los blancos "de vuelta" a Europa?)

[ Fin de la
**PAUSA** ]

Así que la respuesta del presidente Jefferson a este debate fue poner en marcha una política que, en su opinión, podría iniciar el proceso de acabar con la esclavitud. Recuerda que las opiniones de Jefferson sobre los negros eran muy confusas; cuando se trataba de la esclavitud, sus acciones no coincidían con sus palabras.

Las *palabras* de Jefferson parecían ser antiesclavitud.

Escribió que "todos los hombres son creados iguales" en la Declaración de Independencia. Dijo que quería enviar a las personas esclavizadas "de vuelta" a África para que fueran libres. Y se disculpó por la esclavitud y dijo que estaba mal.

Pero las *acciones* de Jefferson parecían ser proesclavitud.

Esclavizó a cientos de personas porque consideraba que *necesitaba* su mano de obra para hacer funcionar su plantación.

Estas contradicciones son confusas, pero una cosa está clara: el tema de la esclavitud estuvo al centro de muchas de las decisiones que Jefferson tomó como presidente. A lo largo de su vida fue segregacionista y asimilacionista, pero jamás fue antirracista.

Mientras los blancos le seguían arrebatando tierras a los nativos en todo el continente norteamericano, se estaban tomando decisiones sobre si la esclavitud formaría parte de los nuevos territorios o estados. Y la mayoría de las veces la respuesta era afirmativa. A medida que el país crecía, las discusiones sobre el fin de la esclavitud y el envío de los esclavos "de vuelta" a África disminuían.

Y es que había demasiado dinero en juego. Los esclavistas no estaban dispuestos a renunciar a eso para hacer lo correcto. Así de simple.

# 7

# Las palabras importan
## 1831-1852

LAS PALABRAS IMPORTAN. INFLUYEN SOBRE LO QUE pensamos y en cómo actuamos. Por eso no es de extrañar que las ideas sobre los negros y la esclavitud se siguieran compartiendo a través de la escritura. Estos escritos casi siempre expresaban ideas sobre los negros como seres *inferiores* y los blancos como seres *superiores*. Pero existen otros ejemplos que rompen esta tendencia.

Por ejemplo, William Lloyd Garrison: un abolicionista blanco que fundó un periódico en 1831. Se inspiraba en los abolicionistas negros de Boston, como Maria Stewart y David Walker; como ellos, creía en la libertad física inmediata de los negros. (¡Sí!) Pero sus ideas implicaban que los negros demostraran su igualdad a los blancos —quienes, *con el tiempo*, aceptarían su existencia—. (¡No!) Para decirlo claramente, creía en: "Libres hoy, pero iguales después, cuando los blancos estén seguros de que merecen ser iguales, porque el hecho de ser humanos no es suficiente".

¡La gente negra no tenía que convencer a los blancos de su igualdad! Las ideas de Garrison sobre la libertad de los negros traían condiciones, requisitos que  él creía que debían cumplir, porque, aparentemente, ser personas no era suficiente. En 1835, Garrison compartió sus ideas sobre los negros y su libertad. Él y otros que se unieron a él utilizaron la nueva tecnología de la impresión masiva y el servicio postal para inundar la nación con veinte a cincuenta mil panfletos abolicionistas a la semana. ¡Un millón de panfletos antiesclavistas al final del año!

En 1845 surgió una nueva narrativa. En lugar de tratarse de pensamientos y opiniones sobre la esclavitud, este era un relato de primera mano sobre sus horrores. Esta historia fue escrita por Frederick Douglass, un hombre negro que había sido esclavizado. Su libro, *The Narrative of the Life of Frederick Douglass, an American Slave* (en español *Vida de un esclavo americano*), se publicó con la ayuda de Garrison. ¡Y fue un éxito! Fue un arma importante para luchar contra la idea de que los negros eran inferiores. Pero Douglass era un fugitivo de la esclavitud cuya voz llamaba la atención, lo que le ponía en peligro de ser capturado. Aunque tuvo que huir a Gran Bretaña y seguir difundiendo allí su mensaje antiesclavista, sus palabras y su mensaje se convirtieron en oro para todos quienes trabajaban para abolir la esclavitud en Estados Unidos.

La narración de Douglass no fue la única en describir cómo era estar esclavizado. *La historia de Sojourner Truth* es otra. Aunque las mujeres también fueron esclavizadas y esclavizadoras, la mayoría de las veces quedaban fuera de la discusión, hasta este libro. Sojourner Truth era audaz, el tipo de mujer que se levantaba en una sala llena de blancos y declaraba su humanidad. La clase de mujer que utilizaba ideas antirracistas para elevar a *toda* la humanidad.

Los blancos también escribían sobre la esclavitud. Una novela de ficción, titulada *La cabaña del tío Tom*, se convirtió en uno de los libros más populares que existen. Es posible que hayas tenido que leerlo en la escuela en algún momento. La autora, una abolicionista llamada Harriet Beecher Stowe, escribió la historia de un hombre esclavizado que se hace amigo de una joven blanca y se aferra a su fe cristiana aunque sea maltratado. El libro fue el intento de Stowe de utilizar la ficción para cambiar la opinión de los blancos sobre la esclavitud, intentando ayudarles a entender sus horrores. Sin embargo, había un montón de ideas racistas en ese libro. Así que, aunque inspiró a muchos lectores a unirse al movimiento abolicionista, también ayudó a reforzar las ideas de que los negros no podían ser tan inteligentes o tan humanos como los blancos.

———◆◆◆———

Al hacerse más populares los libros y las ideas antiesclavistas, los blancos que estaban a favor de la esclavitud se dedicaron a difundir aún más odio. Ya habían utilizado la literatura y la narrativa como arma racista con la invención de la narrativa de "los esclavistas son bondadosos", y habían utilizado las matemáticas como arma racista en el pasado (¿recuerdas esa tontería de los tres quintos de una persona?), y ahora utilizarían la ciencia. O, en todo caso, falsa ciencia.

Sí, incluso los científicos se unieron al racismo y ahora trabajaban para justificar la esclavitud. Un científico afirmó que los blancos tenían cráneos más grandes que los negros y, por tanto, más inteligencia. Un informe sostenía que los negros libres tenían más problemas de salud mental que los negros esclavizados, y que las personas birraciales tenían una vida más corta que las blancas. Por supuesto, ¡nada de esto era cierto! Pero estas mentiras racistas se ocultaron tras la "ciencia" y se utilizaron para apoyar y difundir ideas falsas sobre los negros. Cualquier cosa para justificar la supremacía y la esclavitud. Cualquier cosa para frenar las ideas sobre la libertad.

Pronto aparecería un nuevo líder político que contribuiría al debate sobre la esclavitud: Abraham Lincoln.

# 8

# Guerra por la esclavitud

## 1858-1867

¿QUÉ TE VIENE A LA MENTE CUANDO PIENSAS EN Abraham Lincoln?

* Era muy alto.
* Usaba un gran sombrero negro.
* Le llamamos "Abe el honesto".
* "Liberó a los esclavos".

Bueno, no es tan sencillo. Las cosas nunca lo son realmente. La gente es complicada y defectuosa. Como, ¿recuerdas que Thomas Jefferson dijo "todos los hombres son creados iguales", pero también fue un esclavizador que escribió ideas racistas? Bueno, Abraham Lincoln también dijo muchas cosas contradictorias. Como una cuerda atada a una cometa, parecía balancearse en diferentes direcciones dependiendo de hacia dónde soplara el viento.

Piensa en algo que desearas muchísimo. Un perro. Un teléfono celular. Un nuevo videojuego. Tal vez hayas hecho promesas y todo lo posible para convencer a un adulto de que te lo consiguiera. Por ejemplo: "¡Prometo pasear al perro todos los días! ¡Dos veces al día!". Hiciste esas promesas aunque realmente no te las creías. Solo pensabas: *¿Qué puedo decir para conseguir lo que quiero?* Lincoln era muy parecido, excepto que el tipo de promesas que hacía involucraba vidas humanas.

Antes de postularse a la presidencia, Lincoln trató de convertirse en senador siendo antiesclavista, pero *no* antirracista.

Esto significa que Lincoln quería terminar con la esclavitud. ¡Bien!

Lincoln dijo que no creía que los negros debían ser tratados igual que los blancos. Nada bien.

Lincoln dijo que la esclavitud debía acabar porque la existencia del trabajo gratis terminaría perjudicando a los blancos pobres: como no tenían dinero para poseer personas, tendrían que trabajar ellos mismos. Pero ¿cómo iban a trabajar si nadie necesitaba su trabajo gracias a la esclavitud? Así que Lincoln no quería acabar con la esclavitud porque fuera horrible, quería acabar con ella para ayudar a los blancos pobres a encontrar trabajo y ganar dinero.

Nada de esto convenció a los esclavistas. Ellos, por supuesto, no querían que la esclavitud terminara —querían seguir siendo ricos—. Así que para ganar la presidencia, Lincoln hizo una promesa diferente, una promesa que haría que los racistas votaran por él. ¿Cuál fue esa promesa? Que dejaría de hablar de acabar con la esclavitud. Y así, Lincoln ganó.

Pero incluso con esta promesa, los esclavistas no confiaban en Lincoln. No lo veían como "Abe el honesto" en absoluto. Les preocupaba que Lincoln fuera una amenaza para su riqueza. Les preocupaba que sucedieran más revueltas de personas esclavizadas. Así que los estados del sur decidieron separarse de la nación y crear su propio territorio. Este territorio, conocido como la

Confederación, tendría su propio presidente, alguien que protegiera su riqueza y su forma de vida. Y para que quede claro: su modo de vida era la esclavitud.

Estados Unidos era ahora un país dividido por la mitad. Dos uniones separadas, cada una con su propia bandera y operando con su propio conjunto de reglas y leyes. Y cada una quería que la otra actuara de una manera determinada. Esto era un gran problema. Y en 1861 comenzó una gran lucha sobre esta división. Esta guerra civil no fue entre Estados Unidos y otra nación: era una guerra dentro de nuestro propio país, americanos contra americanos.

## Hagamos una PAUSA

Hoy en día, existen personas y libros de historia que afirman que la Guerra Civil no tuvo nada que ver con la esclavitud y que los símbolos de esa época, como la bandera confederada y los monumentos de los líderes de la Confederación, tienen que ver con el orgullo sureño. Pero la verdad es que la lucha, la guerra, los símbolos y los monumentos tienen que ver con la supremacía blanca y el terror racial. Hoy por hoy, muchos de esos símbolos y estatuas están siendo retirados de los espacios públicos, porque lo que representan es que los estados del sur —la Confederación— no querían renunciar a la esclavitud y a la riqueza y el poder que les daba. Y estaban dispuestos a luchar y derramar sangre para proteger eso.

[ **Fin de la PAUSA** ]

Para poder luchar contra lo que les había aterrorizado durante siglos, las personas esclavizadas arriesgaron sus vidas y aprovecharon cualquier oportunidad para huir y unirse al ejército de la Unión. Al principio, los soldados de la Unión las devolvían de inmediato, aplicando la Ley de Esclavos Fugitivos, que establecía que toda persona fugada debía ser devuelta a su esclavista. Pero todo cambió en el verano de 1862: la Unión declaró que quienes escaparan de la esclavitud para unirse a la guerra serían "libres para siempre". Luego Lincoln hizo

una declaración aún mayor: toda la gente esclavizada en las zonas confederadas sería ahora libre. Pero ¿ves el problema? La declaración de Lincoln no liberó a *todas* las personas esclavizadas, solo a las de las zonas confederadas.

Las personas esclavizadas en otras partes del país tendrían que esperar a la Decimotercera Enmienda, que puso fin a la esclavitud en todo Estados Unidos. Para las personas emancipadas que ahora eran "libres", la libertad era complicada. Los negros no tenían el poder de vivir plenamente, sin limitaciones —de determinar su propio destino—. Seguían atrapados en la maraña del racismo.

## SER LIBRE

¿Por qué era complicada la libertad? Los estadounidenses tenían muchas ideas distintas sobre qué y para quién era la libertad.

El presidente de la Confederación, un hombre llamado Jefferson Davis, dijo que la desigualdad entre los negros y los blancos estaba "estampada desde el principio". Lo que significa que los negros y los blancos nunca fueron y nunca podrían ser considerados iguales. Cuatro años después del comienzo de la Guerra Civil, la batalla entre el Norte y el Sur había terminado. El Norte había ganado y todas las personas esclavizadas fueron declaradas "libres", pero la libertad aún se sentía lejana. Porque:

Los negros eran libres..., pero no tenían un lugar al que ir —no tenían tierras propias.

Los negros eran libres..., pero no tenían forma de ganar dinero y construirse una vida.

Los negros eran libres..., pero no tenían las herramientas que tenían los blancos, como acceso a la escuela o dinero familiar o privilegios.

Los negros eran libres..., pero no se les permitía votar.

Los negros eran libres..., pero eso no cambiaba la forma en que los blancos se sentían hacia ellos o cómo los trataban.

El Sur podía haber perdido la guerra, pero la gente no estaba dispuesta a renunciar a sus ideas racistas.

# Ser libre

## 1878-1903

IMAGINA LA CUERDA QUE SE USA EN UN JUEGO DE *tira y afloja* entre dos personas. Se ata una bandera de colores brillantes en el centro y, desde los extremos opuestos, cada persona tira hasta que la bandera y la mayor parte de la cuerda están más cerca de su lado.

En aquel entonces, W. E. B. Du Bois (rima con *voice*) y Booker T. Washington eran dos poderosos líderes negros en un juego de tira y afloja. Ambos tiraban de sus ideas sobre la libertad de los negros.

¿De qué se trataban sus ideas? De educación.

Cuando Du Bois tenía diez años (y todavía era conocido como Willie), fue rechazado por una niña en un patio de recreo interracial porque ella era blanca y él negro. Esta experiencia racial fue parte de lo que le llevó a competir con sus compañeros blancos. Quería convencerlos de que "no era diferente". Y si iba a ser diferente de alguna manera, sería siendo mejor que ellos.

Du Bois creía que las personas negras debían recibir educación. Seguro estás pensando: *¡Por supuesto, todo el mundo debe recibir educación!* Pero Du Bois no creía en la educación como una herramienta para que los negros alcanzaran sus metas individuales; creía que si recibían educación universitaria serían más parecidos a los blancos. Y si eso ocurría, los blancos los aceptarían.

(¿Cuál es la palabra? ¿La que describe a la gente que cree que solo puedes ser querido si actúas como alguien que no eres? Ya la tienes: asimilacionista).

Aunque creía que los negros debían ser educados, también creía que solo uno de cada diez estaba hecho para aprender. Pensaba que solo los excepcionales "décimos talentosos" debían recibir educación universitaria y convertirse en líderes de la raza negra, como él.

A estas alturas ya ves que incluso los líderes pueden ser... bueno... francamente confusos. Du Bois es otro ejemplo. Era un hombre negro que, a veces, no pensaba muy bien de... las personas negras.

Al otro lado de la cuerda estaba otro poderoso líder negro, Booker T. Washington. Washington creía que, para los negros, aprender un oficio como la agricultura y la carpintería era más importante que ir a la universidad, y que los negros no debían intentar convertirse en políticos o competir con los blancos. Pensaba que los negros debían olvidarse de la igualdad política; en su lugar, debían conformarse con que los blancos les considerasen inferiores, y volverse buenos agricultores y carpinteros para ganar respeto y aceptación.

Tanto Du Bois como Washington eran asimilacionistas. Aunque tenían eso en común, no se gustaban mucho y discutían sobre sus posturas. Ambos escribieron libros populares que contenían sus ideas sobre la educación y la libertad de los negros. Estas ideas tenían algo importante en común: decían que los negros no podían ser ellos mismos, sino que debían comportarse de forma aceptable para los blancos.

# 10

## Divulgadores de la verdad
### 1890-1911

Otra cosa en la que Du Bois y Washington estaban definitivamente de acuerdo era en que los negros no eran totalmente inocentes cuando se trataba de que los blancos los castigaran duramente.

Sip. Leíste bien.

Fue necesaria una joven negra antirracista para enderezar a estos hombres: una mujer que creía que la libertad tenía que incluir justicia e igualdad. Su nombre era Ida B. Wells-Barnett.

## Hagamos una PAUSA

Las ideas racistas han vivido en la mente de la gente durante cientos de años, pero a lo largo del camino ha habido personas con ideas antirracistas. Son como luces guía que nos han mostrado el camino desde el principio; nos guían incluso hoy.

## Fin de la PAUSA

¿Recuerdas lo de la cuerda que mencioné al principio de este viaje? ¿Que se puede utilizar para atar, tirar, sujetar y levantar? Bueno, a veces la cuerda también se utiliza como un arma. Se utiliza para colgar o linchar a la gente. ¿Qué es el linchamiento? Era una forma de castigar permanentemente a los negros, matándolos como "castigo" por delitos que a menudo no habían cometido. Se hacía para recordarle a los negros que los blancos tenían todo el poder sobre ellos, incluso para acabar con sus vidas. Wells-Barnett era una periodista que investigaba linchamientos. Al igual que otros líderes, Wells-Barnett utilizó la escritura para compartir sus ideas. Wells-Barnett expuso la verdad y se enfrentó al terror racista cuando los líderes negros, como W. E. B. Du Bois, no lo hicieron.

Mientras que otros pasaron sus vidas atados a ideas asimilacionistas y racistas, Ida B. Wells-Barnett se apoyaba en ideas antirracistas. Dijo: "La manera de corregir los errores es hacer que la luz de la verdad caiga sobre ellos". Ella encendió la luz de la verdad sobre todos los males racistas.

Más adelante, utilizaría esas ideas en el movimiento sufragista, que ayudó a las mujeres a conseguir el derecho al voto con la aprobación de la Decimonovena Enmienda a la Constitución. Pero por "mujeres", el país se refería a las mujeres *blancas*. Y, de nuevo, Wells-Barnett trabajó incansablemente para desafiar eso, para recordarle a la gente que las mujeres negras también debían ser incluidas.

Otra persona que trató de enderezar a Du Bois fue Franz Boas, un inmigrante alemán que se había convertido en uno de los antropólogos más importantes de Estados Unidos —un experto en lo que hace humanos a los seres humanos—. Él resaltó la historia de los negros antes de llegar a Estados Unidos, y cómo esa historia —la africana— no era de inferioridad. Por el contrario, era una historia de imperios gloriosos, como los de Ghana, Malí y Songhay, llenos de intelectuales e innovadores.

Estos antirracistas, contadores de la verdad, se enfrentaron a los mentirosos racistas. Recuerda que la libertad en Estados Unidos —la liberación para todos— ha sido una batalla constante.

Entre los esclavizadores y los esclavizados.

Entre la Unión (Norte) y la Confederación (Sur).

Entre líderes llenos de contradicciones y líderes libres de ellas.

Entre racismo y antirracismo.

Algunas personas han tirado de un extremo de la cuerda hacia la libertad y otras han tirado del otro extremo hacia la opresión. Y han utilizado todas las herramientas imaginables. Utilizaron la escritura y los libros. Utilizaron las armas y la guerra, los discursos y el activismo. Utilizaron las leyes y la educación. Y, a medida que la tecnología evolucionaba, también utilizaron el cine.

# II

# Racismo en la pantalla grande

## 1912-1915

PIENSA EN EL PODER DE LAS HISTORIAS. NUESTROS personajes favoritos nos hacen sentir valientes y mejores sobre nosotros mismos y el mundo. Las grandes historias nos cambian y desafían, y nos hacen querer ser grandes también. Otro tipo de poder que tienen las historias es que se meten en nuestros corazones y mentes y permanecen durante mucho, mucho tiempo. A veces leemos historias sin darnos cuenta del daño que causan, sin reconocer las ideas racistas que contienen, y como las historias se pegan, esas ideas pueden enredarse dentro de nosotros.

Como *Tarzán de los monos*.

Quizá conoces la versión animada que se muestra hoy. Pero todo comenzó con un libro en 1912. Este es el argumento básico:

1. Un niño blanco llamado John se queda huérfano en el centro de África.
2. John es criado por monos.
3. Los monos le cambian el nombre a Tarzán, que significa "piel blanca".
4. Tarzán se convierte en el mejor cazador y guerrero. Mejor que todos los africanos.
5. En cierto punto de la historia aprende a leer por sí mismo.
6. En historias posteriores de la serie, Tarzán protege a una mujer blanca llamada Jane de los "salvajes" africanos.

Ahora bien, sabes que la esclavitud ha terminado para este momento. Pero ¿recuerdas la idea ridícula y racista de que los africanos necesitaban la esclavitud porque eran "salvajes"? ¿Ves cómo este popular libro y las películas posteriores (y más tarde los cómics, los programas de televisión e incluso los juguetes) apoyan esa idea?

Veamos otra forma en la que se utilizan las historias para hacer perdurar ideas racistas. En los cuentos, los animales pueden convertirse en símbolos de todo un grupo racial. Es una forma de decir que las personas de ese grupo *son* animales. Esto es un estereotipo. Y un estereotipo racista de larga data es la comparación de los rasgos faciales de los negros con los de los monos y los simios.

¿Recuerdas la idea ridícula y racista de que los africanos *necesitaban* la esclavitud porque eran "animales salvajes" que había que domesticar? Que no eran personas sino propiedades, como los caballos y los jabalíes. ¿Ves cómo todo esto está conectado, incluso después de que la esclavitud terminara?

Hubo otra película que hizo perdurar ideas y estereotipos racistas.

*El nacimiento de una nación.*

Estrenada en 1915, fue la primera película taquillera de Hollywood (¡tenía tres horas de duración!) y la primera que se proyectó en la Casa Blanca para un presidente. Este es el argumento básico:

1. Un hombre negro (interpretado por un hombre blanco con la cara pintada, o *blackface*) intenta atacar a una mujer blanca.
2. Ella salta de un acantilado y muere.
3. Un grupo de hombres blancos enfadados buscan venganza por la muerte de la mujer.

Ah, ¿y esos hombres blancos enfadados? No eran otros que *Klansmen,* miembros del Ku Klux Klan.

El Ku Klux Klan (el KKK) es una organización terrorista racista que fue formada por veteranos de la Confederación tras la Guerra Civil. Y esta película, que glorificaba al KKK a la vez que caracterizaba a los negros como peligrosos y a los blancos como salvadores, reavivó la organización.

# Hagamos una PAUSA

Cuando se rodó la película *El nacimiento de una nación*, el *blackface* se consideraba como un tipo de entretenimiento desde hacía tiempo. Los blancos oscurecían sus rostros con corcho quemado o betún para actuar en actos cómicos racistas, llamados "espectáculos de *minstrel*", en los teatros y en las películas. El *blackface* implicaba exagerar los rasgos faciales de los negros, con labios y narices grandes. Los actores creaban estereotipos raciales al cantar y bailar de formas que representaban a los negros como perezosos, poco inteligentes y cobardes, todo ello para divertir al público blanco.

## Fin de la PAUSA

Los estereotipos raciales en la literatura y el cine no solo se han referido a los negros. Y esto no solo ha ocurrido en el pasado, sino que sigue ocurriendo hoy en día. Como en *King Kong, Dumbo, Peter Pan. La dama y el vagabundo, El gato ensombrerado* y muchos libros del Dr. Seuss. Como *El libro de la selva, La casa de la pradera, Jorge el Curioso, Aladino* y *Pocahontas*.

Como buscadores de la verdad, sabemos lo importante que es conocer la verdad. Y la verdad es que muchos libros y películas que se consideran "clásicos" contienen ideas racistas. Esto es importante porque las palabras son importantes. Y las historias son poderosas. Las imágenes en la página y en la pantalla se convierten en imágenes en nuestras mentes, dando forma a la manera en que nos vemos a nosotros mismos y pensamos en las otras personas; refuerzan lo que llegamos a creer que es "normal" o "diferente".

Así que presta atención a las palabras, los cuentos y las películas. Presta atención a cómo describen a los individuos y a los grupos de personas. Trata de estar alerta a cómo pueden difundir ideas perjudiciales, que nos crean ideas erradas sobre el mundo. Y desafía esas ideas con otras, antirracistas. También debemos estar atentos a las historias poderosas que nos describen a todos como realmente somos: humanos.

# 12

## Libres para ser
### 1916-1936

**M**IENTRAS LAS PELÍCULAS CONTINUABAN IMPUL-
sando ideas racistas que ponían en peligro la vida de la
gente negra, y mientras los Estados Unidos y sus aliados
luchaban contra las naciones enemigas en la Primera
Guerra Mundial, los negros del Sur huían como refu-
giados en su propio país. Se dirigían al norte. A Chicago.
A Detroit. A Nueva York. En busca de la libertad. No
sabían qué oportunidades les aguardaban, pero tenían
que aprovechar la oportunidad: la oportunidad de trabajar, de votar, de vivir.

Algunos incluso vinieron al norte desde el Caribe, buscando la oportunidad de escapar del colonialismo. Como un jamaicano llamado Marcus Garvey. Lo

primero que hizo Garvey cuando llegó, en 1916, fue visitar la oficina de la NAACP (por sus siglas en inglés). La misión de la Asociación Nacional para el Progreso de las Personas de Color (*National Association for the Advancement of Colored People*) estaba definida en su nombre: hacer progresar (o mejorar) la vida de los negros, y uno de los fundadores de esta organización era W. E. B. Du Bois.

En la oficina de la NAACP, Garvey se dio cuenta de que allí no trabajaba ninguna persona de piel oscura y que la visión de Du Bois también parecía incluir el colorismo.

# [ Hagamos una PAUSA ]

¡Comprobación de palabras! El colorismo es la discriminación contra quienes tienen la piel más oscura, en favor de quienes tienen la piel más clara. Está ligado al racismo debido a la idea de que cuanto más clara es la piel, más inteligente y bella y mejor es la persona. Todo porque la piel clara está más cerca de la piel blanca.

[ **Fin de la PAUSA** ]

¿Recuerdas que Du Bois y Washington se enfrentaron en un juego de tira y afloja —que no era realmente un juego— sobre sus ideas acerca de la educación y la libertad de los negros? Du Bois era un negro birracial de piel clara y Garvey un negro de piel oscura. Du Bois era un asimilacionista: creía que solo algunos negros tenían valor. Garvey era antirracista: creía que todos los negros eran valiosos, por lo que creó su propia organización, la Asociación Universal de Desarrollo Negro (*Universal Negro Improvement Association*, UNIA). El propósito de la UNIA era centrarse en la solidaridad africana, la belleza de la piel oscura y la cultura afroamericana, y la autodeterminación africana global.

Pero recuerda que las personas no son de una sola manera; pueden ser complicadas y estar llenas de contradicciones. En muchos sentidos, Du Bois hizo avances antirracistas incluso cuando se aferraba a ideas asimilacionistas. Por ejemplo, DuBois se dio cuenta de que el país consideraba a los hombres negros lo suficientemente buenos como para luchar como soldados —diestros, inteligentes y valientes— en la Primera Guerra Mundial, pero no lo suficientemente buenos como para recibir el mismo trato que los blancos en su país. Comenzó a denunciar esta contradicción. En una colección de ensayos, Du Bois escribió sobre la humanidad de los negros. También honró a las mujeres negras; esto fue muy importante, porque las mujeres negras eran heroínas no reconocidas que habían sido dejadas completamente fuera de la conversación sobre la raza. Pero aunque hizo avances antirracistas, a Du Bois le resultaba difícil abandonar sus ideas asimilacionistas: seguía creyendo que si los negros hablaban, vestían y se comportaban de forma aceptable para los blancos, serían aceptados.

# UN DESPERTAR

El Renacimiento de Harlem fue una época de renovación de la creatividad y la cultura negras. La música, la pintura y las obras literarias de jóvenes artistas negros de Harlem (Nueva York) crearon una nueva identidad afroamericana. Muchas personas contribuyeron a esta explosión cultural.

Escritores como Langston Hughes y Zora Neale Hurston.

Intérpretes como Josephine Baker y Paul Robeson.

Músicos como Duke Ellington y Billie Holiday.

Artistas como Augusta Savage y Aaron Douglas.

Y también intelectuales como Marcus Garvey y W. E. B. Du Bois.

Todavía atado a las ideas asimilacionistas, Du Bois quería que estos jóvenes artistas negros de talento utilizaran su arte para conseguir que los blancos los respetaran —para que los vieran como perfectos.

Los artistas negros querían la libertad de ser imperfectos —de ser humanos.

79

La gente negra siempre ha resistido las ideas racistas. Incluso cuando eran otras personas negras quienes las impulsaban.

Y había negros que rechazaban las ideas racistas de Du Bois. Creían que debían poder expresarse como quisieran, como seres humanos completos, sin preocuparse por la aceptación de los blancos. Fue el caso de Langston Hughes, el poeta más popular del Renacimiento de Harlem, y quien sigue siendo uno de los poetas más célebres de Estados Unidos. Hughes declaró que si los artistas negros se inclinaban hacia la blancura, su arte no sería verdaderamente suyo. Creía que los negros eran hermosos tal y como eran.

Pero por mucho que hablaran, se vistieran, escribieran, pintaran, bailaran o se educaran, los blancos seguían difundiendo ideas racistas y veían a los negros como menos humanos. Poco a poco, a partir de esta dolorosa constatación, Du Bois empezó a cambiar. Comenzó a querer que los negros tuvieran la libertad de ser negros y que eso fuera suficiente.

Du Bois sostenía que el sistema educativo estadounidense le estaba fallando al país porque no decía la verdad sobre la raza en Estados Unidos —porque estaba demasiado preocupado protegiendo y defendiendo a la raza blanca—. Publicó un artículo titulado "Segregación" que sorprendió a todo el mundo. En él coincidía con su antiguo rival, Marcus Garvey. Allí defendió la importancia de espacios seguros para los negros, espacios donde pudieran resistir y luchar contra las ideas racistas. Al final de todo, Du Bois estaba defendiendo ideas que había sostenido en el pasado, pero de una forma nueva —la forma en que lo habían hecho Frederick Douglass, Sojourner Truth, Ida B. Wells-Barnett, Marcus Garvey y muchos otros antes que él: argumentando que los negros eran seres humanos.

Du Bois había tenido un despertar. Se había alejado del asimilacionismo y finalmente se volvió hacia el antirracismo.

# 13

# Nuevas leyes
## 1945-1960

**D**ESPUÉS DEL RENACIMIENTO DE HARLEM Y DE SU propio despertar, una vez que Estados Unidos había entrado y salido de la Segunda Guerra Mundial, Du Bois asistió al Quinto Congreso Panafricano. El panafricanismo es un movimiento que fomenta la unidad entre todos los pueblos de origen africano, la fuerza que hay en los números, el poder global. En este Quinto Congreso Panafricano, los miembros discutieron las experiencias colectivas de los descendientes de africanos y la independencia de los países africanos bajo control colonial europeo. Discutieron de africanos gobernándose a sí mismos. Por su trabajo a favor de los negros y de las naciones africanas, Du Bois llegó a ser conocido como el "padre del panafricanismo".

Durante esta época, Estados Unidos se convirtió en un líder mundial. La letra del himno nacional proclamaba con orgullo la grandeza de Estados Unidos:

*Land of the free:* Tierra de la libertad.

*Home of the brave:* Hogar de los valientes.

Pero, ¿quién era suficientemente valiente para admitir la verdad sobre el racismo? Una pregunta mejor es: ¿qué significa realmente la libertad? ¿Libertad para quién? Hasta ahora, las respuestas habían sido acerca de una libertad que ya estaba garantizada para los blancos. Las personas negras tenían una libertad rota.

Muchos abogados libraban batallas en tribunales relacionadas con la libertad y la igualdad. Algunos de esos casos llegaron al Tribunal Supremo, "el más alto tribunal del país", donde los jueces tienen la última palabra sobre las leyes estadounidenses.

Uno de los casos se refería a los lugares en los que se permitía a los negros comprar una vivienda, y en él se exponía que, en las ciudades del norte, los blancos impedían a los negros vivir donde querían. El Tribunal Supremo dictaminó que la creación de barrios segregados iba en contra de la ley. Eso enfureció a los blancos.

Los enfureció tanto que, a medida que los negros se mudaban a "sus" barrios, ellos hacían las maletas y se marchaban, encontrando nuevas formas de mantener los barrios segregados.

## Hagamos una PAUSA

Por aquel entonces, el Tribunal Supremo dictaminó que la segregación de viviendas y las escuelas segregadas eran contrarias a la ley. Y, sin embargo, hoy en día siguen existiendo barrios y escuelas segregados en todo el país. Siguen existiendo barrios y escuelas exclusivamente blancos (o casi). Todavía hay barrios y escuelas totalmente negros (o casi) o no blancos.

Recuerda que el racismo fue estampado en el diseño de Estados Unidos. Y aunque se han modificado muchas leyes racistas, el racismo sigue existiendo.

[Fin de la **PAUSA**]

Otro caso fue el de las escuelas segregadas en el Sur. Los estudiantes negros asistían a escuelas con pocos recursos. No había suficiente dinero para construir o mantener las escuelas, los autobuses escolares y los materiales, como libros, pupitres y sillas. Los estudiantes blancos iban a escuelas bien surtidas, amplias y bien mantenidas, y había suficiente dinero para los autobuses escolares y los materiales. El Tribunal Supremo dictaminó que la segregación en las escuelas públicas era inconstitucional y contraria a la ley. Pero había una idea racista dentro de esta sentencia. Se decidió que los estudiantes negros se integraran en las escuelas blancas. Esto reforzó la idea racista de que los blancos eran superiores y que, para que los niños negros tuvieran éxito, *debían* estar rodeados de niños blancos. En cualquier caso, esto también enfureció a los blancos.

Los enfureció tanto que cuando los estudiantes negros llegaban a "sus" escuelas, también llegaban turbas de blancos que gritaban, llamaban a los estudiantes negros con nombres horribles y les escupían y amenazaban de muerte, tanto si eran estudiantes de secundaria como de primer grado, como Ruby Bridges.

Los enfureció tanto que Ruby, de seis años, tenía que ser escoltada a la escuela todos los días por alguaciles federales que la protegían de las turbas de blancos iracundos que tenía que pasar para entrar en el edificio. Los enfureció tanto que los padres blancos se negaban a que sus hijos estuvieran en la misma clase que Ruby. O comieran con ella. O jugaran con ella en el recreo. Ruby recibía clases sola en un aula mientras los alguaciles federales vigilaban la puerta.

Verás, las leyes por sí solas no son lo suficientemente poderosas para crear libertad para todos. Para que la libertad exista para todos, hace falta que la gente luche por las leyes *correctas* que beneficien a *todas* las personas, y que se asegure de que esas leyes se cumplan.

# 14

# Luchando por la libertad

## 1955-1963

EL MOVIMIENTO POR LOS DERECHOS CIVILES SE inició por las muertes de personas negras a manos de personas blancas que se negaban a cumplir la ley y querían decidir, ellas mismas, qué significaba la libertad y quién podía tenerla. Y quién no.

Por ejemplo, Emmett Till, de catorce años.

En 1955, Emmett fue brutalmente golpeado y asesinado por

supuestamente "sisearle" o "silbarle" a una mujer blanca. Lo que le ocurrió a Emmett Till hace más de sesenta y cinco años es algo que todavía duele en los corazones de los negros. Era un niño que tenía toda su vida por delante cuando se la arrebataron con tanta saña. Para los negros, Emmett era su hijo. Hermano. Vecino. El dolor de su pérdida se siente así de cerca. Para los negros, la muerte de Emmett fue un recordatorio de que en Estados Unidos, la tierra de la libertad, los negros solo podían vivir una versión mínima de la libertad.

En aquel entonces, el asesinato de Emmett encendió un fuego bajo el movimiento de derechos civiles que fue liderado por un joven y carismático predicador que admiraba a Du Bois. Alguien a que lo has escuchado nombrar: el Dr. Martin Luther King Jr.

Junto con el Dr. King, muchos jóvenes encontraron

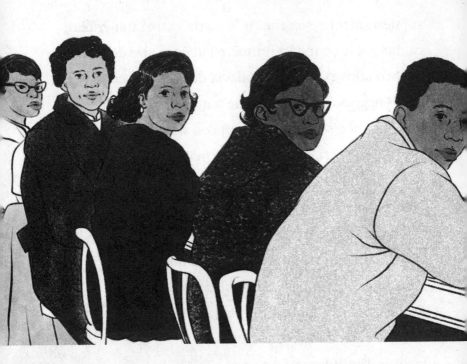

nuevas formas de luchar por la libertad y ayudaron a que el movimiento por los derechos civiles se hiciera más y más poderoso. Por ejemplo, los cuatro estudiantes universitarios que se sentaron en una cafetería "solo para blancos" en Carolina del Norte en 1960. No fueron atendidos, pero se quedaron allí hasta que el establecimiento cerró. Este tipo de protesta se denominó *sit-in* o "sentada" y, en pocos meses, los estudiantes de todo el sur de Estados Unidos lo estaban haciendo.

Los jóvenes se organizaron y crearon el Comité Coordinador Estudiantil No Violento (*Student Nonviolent Coordinating Committee*, SNCC) para planificar protestas pacíficas.

Pero la respuesta que recibió el movimiento no violento por los derechos civiles fue... *violenta*.

En los estados del sur, como Alabama, las leyes racistas y las personas que habían jurado protegerlas eran armas que atentaban contra las vidas de los negros. El Dr. King organizó protestas no violentas en la ciudad de Birmingham, Alabama. Entonces, el comisionado de seguridad pública de la ciudad ordenó a la policía que golpeara y soltara perros de ataque contra los manifestantes. Ordenó a los bomberos que les lanzaran mangueras de agua e hizo arrestar a los manifestantes, incluyendo al Dr. King. El comisionado usó sus poderes para asegurarse de que Birmingham siguiera siendo una ciudad segregada.

Harían falta el Dr. King, el Comité Estudiantil y el poder de un montón de gente para mantener el movimiento de los derechos civiles en marcha. Para luchar por la libertad de los negros. Para luchar por la libertad de todos.

# 15

# Marcha sobre Washington
## 1963

LA NACIÓN Y EL MUNDO VEÍAN CÓMO LAS PROTESTAS no violentas se volvían violentas, no por las acciones de los manifestantes, sino por la policía. Muchos jóvenes activistas, cansados de la batalla, se sentían frustrados. Se sentían frustrados por la fe del Dr. Martin Luther King Jr. en la no violencia, porque los negros estaban siendo golpeados, encarcelados y asesinados. Así que muchos comenzaron a escuchar a otro líder: Malcolm X.

Malcolm X era un ministro de la Nación del Islam, una organización religiosa centrada en la liberación de las personas negras.

Martin y Malcolm, al igual que Du Bois y Washington, y más tarde Du Bois y Garvey, eran dos líderes negros en otro juego de tira y afloja. Tanto Martin como Malcolm querían la libertad y la igualdad para los negros.

Martin predicaba la no violencia como herramienta para superar la opresión.

Malcolm predicaba la autodefensa y la libertad por cualquier medio necesario.

El Dr. King y otros activistas habían estado trabajando con líderes políticos para aprobar leyes de derechos civiles. Planearon una gran manifestación televisada para el 28 de agosto de 1963 en Washington, DC —la Marcha sobre Washington por el Trabajo y la Libertad—. Esta sería una oportunidad para que el Dr. King convenciera a la nación de la importancia y la urgencia de los derechos civiles.

En esta época, John F. Kennedy era presidente. Aunque el evento fue organizado por grupos de derechos civiles, la administración del presidente Kennedy sabía que el mundo estaría mirando, así que ellos aprobarían los oradores y los discursos. Eso significó que algunos tuvieron acceso a un micrófono —y sus voces se escucharon— pero muchos otros fueron silenciados por la Casa Blanca y por los líderes negros, predominantemente hombres, del movimiento de derechos civiles.

# Por ejemplo...

**Las mujeres negras.** Daisy Bates leyó un breve voto, una promesa en nombre de las mujeres que trabajaban en el movimiento. Pero Dorothy Height, una poderosa líder que ayudó a organizar el acto y fue la única mujer que subió al estrado con el Dr. King, no fue invitada a hablar. Ni tampoco Rosa Parks. Ni tantas otras mujeres negras cuyo trabajo había impulsado el movimiento.

**Líderes negros LGBTQ+.** Bayard Rustin, asesor clave del Dr. King y organizador del acto, no fue invitado a hablar. Tampoco James Baldwin, un novelista negro que, a través de sus escritos, se había convertido en una voz política brillante y audaz.

**Malcolm X** asistió al acto pero no fue invitado a hablar.

Pero una mujer negra sí cantó: Mahalia Jackson. A medida que avanzaba el movimiento por los derechos civiles, Jackson utilizaba su voz para levantar el ánimo de los negros en el sur segregado. De hecho, el propio

Dr. King llamaba a Jackson cuando se sentía desanimado, solo para oírla cantar. Y ese día en Washington, Jackson cantó y animó a la nación.

En la marcha, aproximadamente 250.000 activistas y reporteros de todo el mundo caminaron hacia el área entre el Monumento a Lincoln y el Monumento a Washington. Y ese día, el Dr. King pronunció lo que hoy se conoce como uno de los mejores discursos de todos los tiempos: "Tengo un sueño".

# 16

# Dolor y protesta

## 1963-1965

Unas semanas después de la marcha en Washington por el Trabajo y la Libertad, sucedió una nueva tragedia. Cuatro niñas fueron asesinadas en Birmingham, Alabama: Cynthia Wesley, Carole Robertson, Carol Denise McNair y Addie Mae Collins. Un grupo de supremacistas blancos y miembros del KKK bombardearon su iglesia.

Una vez más, la nación y el mundo estaban mirando. La indignación comenzó a extenderse.

Angela Davis, que creció en Birmingham, era estudiante universitaria en Europa cuando se enteró de la noticia. Su familia era cercana de la familia Robertson. Vivía en el mismo barrio que la familia Wesley. Davis no vio este momento como un incidente aislado; el KKK bombardeaba su barrio con tanta frecuencia que lo apodaron *Dynamite Hill* "cerro dinamita". Ella había crecido siendo plenamente consciente del racismo estadounidense y de su potencial mortífero. Lo único que podía hacer era utilizar las noticias de esta tragedia como combustible para seguir luchando.

La indignación por el asesinato de cuatro niñas en una iglesia fue tan grande que el gobierno se vio obligado a actuar. Fue aprobada la Ley de Derechos Civiles de 1964, pero ¿qué significaba realmente? Sobre el papel, se convirtió en una ley que prohibía la discriminación por motivos de raza. Malcolm X se manifestó no en contra del proyecto de ley, sino sobre la posibilidad de que la ley llegara a aplicarse. Angela Davis pensaba lo mismo. La razón: las leyes por sí solas nunca han sido suficientemente poderosas para crear libertad para todos. ¿Quién iba a asegurarse de que las leyes se cumplieran si la ley, los legisladores y los encargados de hacerla cumplir eran todos racistas?

Hoy, la activista Angela Davis nos recuerda que "la libertad es una lucha constante". Que hace falta algo más que leyes para conseguir la libertad para todos: se necesita el poder de la gente para imaginar y construir un movimiento para toda la humanidad.

La brutalidad policial continuó, el KKK continuó, la discriminación en el trabajo, la vivienda y la educación continuó. Los movimientos políticos negros no estaban satisfechos con lo que el gobierno estaba haciendo por las personas negras, así que las protestas continuaron. Pero sin acceso al poder, todas las protestas del mundo no significaban nada. Así que se pasó de la lucha por los derechos civiles a la lucha por la libertad. La diferencia entre las dos es simple: una es una lucha por la justicia; la otra, por el derecho a la vida.

Y mientras luchaban por el derecho a la vida, la muerte volvería a golpearlos.

Malcolm X fue asesinado. Su muerte sacudió a sus seguidores negros antirracistas. Los medios de comunicación lo retrataban como un promotor del odio, pero su autobiografía, publicada tras su muerte, mostraba que Malcolm X promovía la verdad, no el odio. Su mensaje para los negros era de orgullo y unidad y su autobiografía se convertiría en uno de los libros más importantes de la historia de Estados Unidos.

El Dr. King y Malcolm X solo se reunieron una vez, pero el Dr. King reconoció que, aunque tenían métodos diferentes —como Du Bois y Washington, y Du Bois y Garvey—, en realidad querían lo mismo: la libertad.

Tras la Ley de Derechos Civiles, de la que Malcolm desconfiaba, llegó la Ley de Derecho al Voto de 1965. ¿Y qué provocó? La rabia y la resistencia de los blancos. Sin embargo, la Ley de Derecho al Voto se convertiría en la legislación antirracista más eficaz jamás aprobada por el Congreso de los Estados Unidos de América.

Malcolm X se había ido, pero no sería olvidado: sus palabras siguieron siendo una armadura de protección contra la antinegritud para los jóvenes activistas negros. Y, para muchos, todavía lo son.

# 17

# Poder negro
## 1966-1969

MATEMÁTICAS. CIENCIA. ARTE. CADA UNA DE ELLAS ha sido utilizada como arma contra las personas negras. Pero las palabras, cuando las escupe una lengua racista, son a menudo las más mortíferas.

Quizá has escuchado una frase que dice: "Los palos y las piedras pueden romper mis huesos, pero las palabras nunca me harán daño". Esto significa que la violencia física es más dañina que los ataques a nuestros sentimientos. Pero las palabras *sí* importan. Hacen daño. Palabras y frases cotidianas como "oveja negra", "lista negra", entre otras, relacionan la negritud con la maldad. Afirman la idea de que lo negro es negativo. Y otras palabras apoyan esta idea: como *minoría*, que sugiere que los negros son *menores*, lo que hace que los blancos sean *mayores*. Y *gueto* (*ghetto*), un término utilizado para describir una zona indeseable de una ciudad. En la América racista, *gueto* y *minoría* se convirtieron en sinónimos de *negro*. Estas palabras se utilizaban como cuchillos, para infligir dolor y sugerir peligro, y todavía se usan así hoy en día.

Pero en un mitin de 1966, las palabras se utilizaron como armadura para luchar *contra* el racismo. Stokely Carmichael, el joven y audaz líder del Comité Coordinador Estudiantil No Violento (SNCC), gritó...

# ¡PODER NEGRO!

Estas palabras relacionaban la negritud no con negatividad, sino con fuerza. El "Poder

Negro" era un nuevo lenguaje que empoderó a la comunidad negra y provocó un nuevo movimiento.

Esto es lo que Carmichael quería decir con el Poder Negro:

Que los negros fueran propietarios y controlaran sus propios barrios y su futuro, libres de la supremacía blanca.

Esto es lo que los blancos racistas y los medios de comunicación escucharon:

# ¡SUPREMACÍA NEGRA!

¿Ves lo que pasó? La gente que tenía miedo de las ideas antirracistas tergiversó a propósito el mensaje de Carmichael para convertirlo en una idea racista. Y, una vez más, había líderes negros en lados opuestos del tira y afloja, impulsando ideas diferentes sobre la libertad —asimilacionistas contra antirracistas.

Pero ya se había encendido una revolución dentro de la comunidad negra —lo que nos lleva al Partido de las Panteras Negras (*Black Panther Party*)—. No se trataba de la *Black Panther* de Marvel (¡Wakanda por siempre!), sino de un movimiento producido por el Poder Negro. Huey Newton y Bobby Seale, líderes del Partido de las Panteras Negras, elaboraron una lista de objetivos para explicar por qué luchaban en nombre del pueblo negro. Sus objetivos incluían:

VIVIENDA JUSTA

EDUCACIÓN ANTIRRACISTA

FIN DE LA BRUTALIDAD POLICIAL

PAZ

Su objetivo general era impulsar la supervivencia, el éxito y la libertad de los negros.

Una de las formas de conseguirlo fue a través de su programa de desayunos gratuitos para niños. Harto del abandono de la gente negra por parte de la nación, el Partido de las Panteras Negras comenzó a alimentar a decenas de miles de niños hambrientos con donaciones de empresas locales y supermercados. En iglesias y centros comunitarios, el Partido les servía desayunos a los niños antes de que entraran a clases e incluso durante los veranos. *Autosuficiencia* era una palabra muy importante para el Partido de las Panteras Negras —confiar en los recursos y el poder de la comunidad—. La popularidad del programa de desayunos del Partido presionó al gobierno, conduciéndolo a crear el Programa de Desayunos Escolares que, aún hoy, proporciona a millones de niños el desayuno en la escuela.

# 18

# La historia se repite
## 1968

EL PARTIDO DE LAS PANTERAS NEGRAS Y EL PODER Negro se intensificaron y se extendieron. Angela Davis se unió al movimiento.

Incluso el Dr. King, que a veces expresaba ideas asimilacionistas, se sintió atraído por el movimiento. Empezó a enfocarse en conseguir que el gobierno aprobara leyes para dar trabajo y mejores viviendas a los negros pobres, atrasados por siglos de racismo. Estas ideas eran similares a algunos de los objetivos del Partido de las Panteras Negras.

La rabia y el miedo de los blancos también se intensificaron. Y la vieja estrategia de utilizar historias para difundir mensajes racistas continuó, esta vez con una nueva película llamada *El planeta de los simios*.

El argumento es el siguiente:

1. Unos astronautas blancos aterrizan en un planeta tras un viaje de dos mil años.
2. Unos simios los esclavizan.
3. Resulta que no están en un planeta lejano. Están en la Tierra.

## Hagamos una PAUSA

¿Recuerdas que las historias (incluso las ficticias) se pegan, y que las ideas racistas pueden enredarse en nuestro interior? ¿Y recuerdas que los animales pueden ser utilizados para representar, para estereotipar... como al comparar a los negros con los monos y los simios?

¿Ves cómo se relaciona todo?

## Fin de la PAUSA

*Tarzán* llevó a la gran pantalla la idea racista de que los blancos debían conquistar África y a los africanos. *El planeta de los simios* llevó a la gran pantalla el miedo racista a que el mundo "oscuro" se levantara contra el conquistador blanco. *El planeta de los simios* fue un éxito de taquilla. Al igual que *Tarzán* y *El nacimiento de una nación*, se convirtió en parte de la cultura popular y animó a los blancos a tener miedo y a armarse; además, sirvió de una advertencia a los negros para que "se mantuvieran en su lugar".

El gobierno estadounidense ayudó a difundir este mensaje, expresando la necesidad de "proteger" a los ciudadanos (blancos) contra el Partido de las Panteras Negras. Las palabras que el gobierno utilizaba para calificar al Partido eran *militante*, *radical* y *peligroso*.

El grito de guerra "Poder Negro" se presentó como una frase racista.

Luego, la tragedia volvió a golpear. (¡Otra vez!)

El reverendo Martin Luther King Jr. fue asesinado.

Los corazones y espíritus de la gente negra volvieron a romperse al unísono. El Dr. King era el líder de uno de los mayores movimientos por la igualdad y la humanidad que el mundo había visto jamás. Había ganado el Premio Nobel de la Paz por su valiente liderazgo no violento. Era una inspiración global.

La muerte del Dr. King produjo una manifestación sin precedentes, y el Poder Negro se convirtió en el mayor movimiento antirracista de la historia estadounidense.

## ¡DILO EN VOZ ALTA! ¡SOY NEGRO Y ESTOY ORGULLOSO!

En 1968, la canción *Say It Loud: I'm Black and I'm Proud* ("Dilo en voz alta: Soy negro y estoy orgulloso") de James Brown se convirtió en un himno que inspiró a las personas negras a reclamar el orgullo negro. La piel oscura y el pelo rizado se veían como orgullosamente bellos; la ropa africana se hizo popular. En universidades y escuelas comenzó a crecer una demanda por estudios sobre negritud. Antirracistas de múltiples orígenes raciales y étnicos se unieron al movimiento.

El movimiento del Poder Negro era poderoso, pero no perfecto. Lo dirigían hombres, mientras que las mujeres fueron relegadas a un segundo plano.

Pero las mujeres negras siempre se han levantado. Mujeres negras como...

* **Fannie Lou Hamer,** una activista por derechos comunitarios y de la mujer que luchó ferozmente por los derechos civiles, el derecho al voto y mayores oportunidades económicas para la población negra.
* **Diane Nash,** miembro fundadora del Comité Estudiantil, que dirigió "sentadas" en comedores y organizó *Freedom Rides* en todo el sur.
* **Angela Davis,** activista, educadora e influyente defensora del cambio político y social.

Incluso cuando han sido marginadas, las mujeres negras han liderado la resistencia. A medida que el movimiento crecía, las mujeres encontraban nuevas formas y nuevos grupos para liderar.

# 19

# El antirracismo crece
## 1968-1982

LA LUCHA POR LOS DERECHOS CIVILES CONTINUÓ EN los Estados Unidos, captando la atención del mundo. Los políticos siguieron utilizando ideas segregacionistas para ganar votos. Cuando el candidato presidencial Richard Nixon comenzó su campaña en 1968, pensó que podría ganar si los segregacionistas y los racistas se ponían de su lado. Pero ahora no era fácil ser tan obvio con las ideas racistas; recuerda que el mundo estaba mirando. ¿Cómo lo hizo? Bueno, con palabras.

Nixon utilizaba palabras codificadas que representaban ideas racistas; palabras y frases como *gueto*, *indeseables*, y *elementos peligrosos*. Sin decir nunca "negros", fue capaz de comunicar ideas racistas a los blancos, que entendían exactamente de qué (y de quiénes) estaba hablando. Y usaba las palabras para tergiversar el sentido de las protestas que estaban sucediendo en todo el país. Para poder neutralizarlas, las describía como peligrosas. Su plan se llamó la "estrategia sureña". Y funcionó.

Nixon ganó.

Mientras tanto, Angela Davis siguió utilizando las palabras para inspirar antirracismo y actuar contra la injusticia. Empezó a hablar de personas negras que, en su opinión, habían sido encarceladas injustamente; algunas eran activistas del movimiento del Poder Negro. Las acciones de Davis llamaron la atención del gobierno, que hizo todo lo posible para detenerla —incluso encarcelarla por un delito que no había cometido—. Pero Davis estudió la ley y estudió su propio caso. Después de un año y medio en prisión, comenzó su juicio, donde se representó a sí misma.

¡Y Davis ganó!

Angela Davis se había liberado de la cárcel, pero no era libre. No era realmente libre. Era una antirracista

que entendía que libertad significa libertad para todos, no para uno, así que continuó luchando por la libertad de toda la gente negra. Y no estaba sola.

Audre Lorde, Ntozake Shange, Alice Walker, Michele Wallace, todas fueron feministas negras que escribieron poemas, cuentos y libros que capturaron su existencia y se aseguraron de que fueran vistas, escuchadas y jamás olvidadas. Su trabajo desafiaba los intentos de cualquiera que intentara silenciar a las mujeres negras y a la comunidad LGBTQ+.

Además de los escritos de las feministas negras, hubo otra historia importante —tan importante que se convirtió en una miniserie televisiva—. *Raíces*: *La saga de una familia americana*, de Alex Haley, contaba cómo era realmente la esclavitud. Desbarató las ideas racistas de que los negros eran esclavizados porque eran menos humanos y los blancos esclavistas eran bondadosos. La esclavitud era cruel e inhumana, y punto.

A través de las palabras, las historias y los libros, las ideas antirracistas se extendieron.

Pero las ideas racistas también siguieron extendiéndose.

# 20

# Lucha contra el poder
## 1971-1994

**M**ÁS POLÍTICOS DESCUBRIERON QUE PODÍAN TE-
ner éxito utilizando la raza para ganar votos e impulsando leyes y políticas racistas. Las leyes son normas
que te castigan por romper, y las políticas son las prácticas y los procedimientos que determinan cómo se hacen
las cosas. El tipo de leyes y políticas que estos líderes ela-
boraban creaban GRANDES problemas para los negros.

## Como...

❋ La "Guerra Contra las Drogas" impulsada
  por el presidente Ronald Reagan. Aunque

los blancos y los negros vendían y consumían drogas en proporciones similares, las nuevas leyes sobre drogas estaban dirigidas a los negros. Por ejemplo, una de las leyes convirtió en un delito más grave el hecho de ser sorprendido con pequeñas cantidades de las drogas que se encuentran más en los barrios pobres de los negros que con cantidades más grades de las drogas que se encuentran más en los barrios ricos de los blancos. El resultado de esta nueva política fue el encarcelamiento de millones de estadounidenses negros. Era una guerra contra la gente negra que arrasó sus comunidades.

✱ El candidato presidencial George H. W. Bush utilizó la idea racista de que los negros son una amenaza para ayudarse a ganar la presidencia.

✱ La Ley de Control de Delitos Violentos y Aplicación de la Ley, del gobierno del presidente Bill Clinton, causó el mayor aumento de la población carcelaria en la historia de Estados Unidos. Los presos fueron, en su mayoría, hombres negros que habían cometido delitos no violentos. Esto reforzó las ideas racistas de que "los negros son violentos" y "la mayoría de los negros son delincuentes".

## Hagamos una PAUSA

Probablemente te estés preguntando algunas cosas. Como por ejemplo, ¿por qué alguien, especialmente el presidente de Estados Unidos, haría estas cosas? Recuerda, las ideas racistas han sido estampadas en la forma en que el país funciona desde el principio. Y las ideas racistas a menudo se han estampado en los corazones y mentes de las personas que lo dirigen. Además, las ideas racistas han creado privilegios y riqueza para los blancos.

Probablemente también te estés preguntando, ¿cómo detenemos esto? Lo detenemos haciendo lo que estás haciendo ahora mismo. Lo hacemos aprendiendo la historia de las ideas racistas; reconociendo el patrón de las ideas racistas del pasado y conectándolas con lo que vemos que ocurre en el presente. Leyendo, pensando y cuestionando. Desafiando las ideas racistas con otras antirracistas; desmontando leyes y políticas racistas. Y atreviéndonos a imaginar un futuro nuevo y antirracista.

## [ Fin de la PAUSA ]

Pero la gente negra, como siempre, siguió adelante, luchando contra el odio. El hip-hop se convirtió en el tambor del cambio y el empoderamiento. Canciones como *Don't Believe the Hype* y *Fight the Power* de Public Enemy eran una fuerza. Para los jóvenes

negros esas palabras no eran solo títulos, eran himnos. Daban una sensación de poder y orgullo negro y llamaban a los negros a resistir el racismo y la opresión. Estas canciones eran protestas en sí mismas, poderosas críticas a la corriente dominante en Estados Unidos y recordatorios de que la revolución por la libertad no había terminado.

Raperas como Queen Latifah animaron a las jóvenes negras con su exitoso álbum *All Hail the Queen*. Su canción *Ladies First* hablaba del empoderamiento de las mujeres y respondía a los opresores que intentaban empequeñecerlas. Mujeres como Queen Latifah, MC Lyte y Salt-N-Pepa estaban a la cabeza de la escena del hip-hop.

El hip-hop le hablaba a una nueva generación de jóvenes negros que se sentían frustrados por los malos tratos racistas. Por ejemplo, lo ocurrido con Rodney King: un hombre negro de veinticinco años que fue golpeado por agentes de policía en Los Ángeles. No era la primera vez que un negro era agredido por la policía, pero fue una de las primeras veces que la paliza se grabó en vídeo (antes de los teléfonos inteligentes) y se difundió ampliamente. Los agentes fueron acusados pero declarados inocentes.

Los estadounidenses negros estaban enfurecidos y doloridos. Tan doloridos y enfurecidos que tomaron los barrios de Los Ángeles y expresaron su frustración. El Dr. King dijo una vez: "El disturbio es el lenguaje de los no escuchados". Frustrados, enfadados y no escuchados, quemaron y saquearon tiendas. Unos diez mil soldados de la Guardia Nacional fueron traídos para detener las revueltas.

Aunque los negros siguieron resistiendo, se crearon *más* leyes y políticas racistas (¡siempre hay más!) para convencer a una nueva generación de estadounidenses de que el problema eran los negros, no el racismo.

# 21

# Pruebas desiguales

## 2002

AÑOS DESPUÉS DE QUE LA DESEGREGACIÓN FUERA oficial en todo el país (en papel, aunque no siempre en la práctica), los racistas encontraron una nueva forma de convertir la educación pública en un arma: las pruebas estandarizadas. Seguramente sabes mucho sobre ellas. Son el tipo de pruebas que hacen los niños cada año, especialmente en las escuelas públicas, en las que tienen que escribir pequeñas redacciones y rellenar las burbujas A, B, C o D para responder preguntas de comprensión lectora, escritura, matemáticas y ciencias.

Son "estandarizadas", lo que significa que se aplica la misma prueba a todos los niños de un estado, independientemente de dónde vivan o vayan a la escuela. Y, por supuesto, esa es exactamente la razón por lo que no son justas.

La cosa es así: la *igualdad* y la *equidad* son dos palabras que se parecen, pero hay una diferencia importante entre ellas, especialmente cuando se trata de educación. La igualdad consiste en que todos los niños tengan el mismo acceso a la educación. La equidad consiste en que todos los niños tengan el mismo acceso a la educación *y* a lo que *cada uno* necesita para poder aprender.

Las pruebas estandarizadas, aunque se apliquen a todos por igual, no son equitativas.

Porque nunca se crearon pensando en cada alumno.

Porque tratan a todos los estudiantes como si fueran iguales y tuvieran los mismos recursos.

Los resultados de las pruebas en escuelas segregadas y con pocos recursos (que, por supuesto, no son tan buenos como los de las escuelas con muchos recursos) se utilizan para apoyar la vieja idea racista de que los negros no son tan inteligentes como los blancos; que los negros y los blancos son biológicamente diferentes. Y los políticos encontraron la manera de dar todavía más importancia a estos exámenes injustos, estableciendo que las escuelas que obtuvieran mejores resultados fueran recompensadas con más recursos. Esta es una manera de asegurarse de que los ricos se hagan más ricos y los pobres más pobres.

Y al mismo tiempo que muchos estudiantes, sobre todo negros y morenos, se veían perjudicados por esta política, los segregacionistas y asimilacionistas argumentaban que la única forma de arreglar el racismo es simplemente dejar de pensar en él.

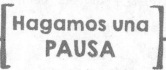

## Hagamos una PAUSA

La idea de que debemos fingir que NO vemos el racismo está relacionada con la idea de que debemos fingir que NO vemos el color. A esto se le llama "*colorblindness*", "ser ciego al color" o "no ver el color". No se trata de la condición médica —llamada daltonismo— por la que a algunas personas les resulta difícil distinguir entre el rojo y el verde. Se trata de personas que piensan que es mejor actuar como si no vieran las diferencias en el color de la piel. Abajo te explico por qué esto está MAL.

La Ley *No Child Left Behind* ("Que ningún niño se quede atrás"), puesta en marcha por el presidente George W. Bush, dejó atrás a muchos niños negros. Esta política disminuía los recursos de las escuelas con bajo rendimiento. Las escuelas con mayoría de estudiantes negros ya tenían poco financiamiento y carecían de recursos. Una vez más, la idea racista de que los negros son el problema, aunque no sean abiertamente racistas.

# 22

# Un presidente negro
## 2005-2008

EL IMPULSO ANTIRRACISTA NO PODÍA SER DETENIDO. En una importante conferencia global, activistas americanos como Angela Davis asistieron y conectaron con activistas de todas partes del mundo. Querían que la conferencia fuera el inicio de un movimiento antirracista global. Los participantes salieron del evento cargando con ellos el impulso antirracista de regreso a Senegal, a Estados Unidos, Japón, Brasil, Francia. A todo el mundo.

Entonces, un nuevo líder político negro irrumpió en la escena. ¿Y adivina qué? Era visto como una excepción. ¿Recuerdas que los racistas simplemente no podían creer la inteligencia y el talento de Phillis Wheatly, la poetisa?

¿Que le dieron la espalda y se negaron a publicar su trabajo? ¿Recuerdas cómo, al principio, Du Bois creía que solo algunos afroamericanos, "uno de cada diez", estaban hechos para aprender y liderar? Bueno, en el 2005, casi 250 años después de que los racistas intentaran rechazar a Phillis Wheatly, Barack Obama era visto como la nueva persona negra "extraordinaria". Se convirtió en el quinto senador afroamericano en la historia del país, y el único en funciones en ese momento. Y su éxito fue utilizado como un símbolo de un Estados Unidos "postracial" —para alegar que la larga historia de racismo había terminado—. Ese racismo ya no existía más.

Usar personas negras individualmente como símbolos ha sido una herramienta para sugerir que estas son "extraordinarias" y "excepcionales". Es una forma de decir que son "diferentes" y "mejores" que otras personas negras y que han "superado" el ser negros. Como si ser negro, y no el racismo, es el problema. Los blancos se negaban a creer que toda la gente negra podía ser tan inteligente como Phillis Wheatley; por lo que decidieron que ella debía ser "extraordinaria".

Otra forma en que las personas negras son utilizadas como símbolos: la gente blanca que niega el racismo señala el éxito de un pequeño puñado de negros, como Oprah Winfrey, Michael Jordan y Barack Obama, como prueba. Es como tratar a unos cuantos individuos negros exitosos como personajes de una historia de ficción, cuyo escenario es un país donde la raza no importa.

Contar una historia precisa sobre el progreso de los negros en Estados Unidos significa ver el conjunto completo, no solo a unos cuantos individuos. Y significa observar todos los sistemas de la nación —como la educación, la vivienda y el empleo— para ver si realmente sirven a todos, no solo a algunos. Significa no buscar una manera fácil de negar que el racismo sigue siendo muy real. Significa, en cambio, hacer el trabajo de los antirracistas para garantizar que la libertad y la igualdad existan para todos.

Pero un desastre natural dejaría muy claro que el racismo, de hecho, existe todavía. El huracán Katrina sucedió en verano del 2005. Inundó la costa del Golfo, cobró la vida de más de 1.800 personas, forzó la migración de millones y causó miles de millones de dólares en daños materiales. Incluso en unos Estados Unidos *color-blind*, en donde los blancos decían que era mejor NO ver la raza, era difícil NO ver cómo el racismo seguía destruyendo. Debes estar preguntándote, ¿qué tiene que ver un huracán con el racismo? Nadie puede controlar a la Madre Naturaleza, ¿cierto? Pues... cierto. Pero lo que sí *puede* ser controlado es la respuesta. Las políticas y prácticas *están* bajo el control de las personas.

Durante años, científicos y periodistas habían advertido que el sur de Luisiana, una región que albergaba a una gran población de gente negra, estaría en peligro si fuera azotada por un gran huracán. Y nadie hizo nada. Entonces el huracán Katrina golpeó, y la administración del presidente Bush respondió tardíamente, con efectos devastadores en las vidas de las comunidades negras pobres que vivían allí.

Dos años más tarde, Barack Obama anunció su candidatura a la presidencia. Los racistas intentaron destruir a Barack y a su esposa, Michelle. Fueron llamados antipatrióticos por hablar honestamente sobre el racismo en Estados Unidos o por asociarse con quienes lo hacían. Sus oponentes usaban lenguaje codificado e imágenes racistas para menospreciar a los Obama y sus logros. Incluso se cuestionó la nacionalidad de Obama, un movimiento impulsado por Donald Trump (quien luego se convertiría en presidente): Trump, un empresario en ese momento, utilizó su influencia y recursos para difundir la idea racista de que alguien con un nombre como Barack Obama no podía ser un ciudadano americano. Debido a estas afirmaciones racistas, Obama fue presionado a compartir su certificado de nacimiento para demostrar su ciudadanía, a diferencia de cualquier otro candidato blanco.

El 4 de noviembre de 2008, Angela Davis, jubilada recientemente como profesora, emitió su voto por Barack Obama, así como lo hicieron aproximadamente 69,5 millones de americanos. Y ganó. ¡El primer presidente negro de los Estados Unidos!

Cuando Obama fue elegido el cuadragésimo cuarto presidente de los Estados Unidos, la alegría estalló en todo el país y se extendió por todo el mundo antirracista. La gente bailó en las calles. Los organizadores comunitarios habían triunfado. Le mostraron a las personas que no pensaban que un presidente negro podía ser electo que estaban equivocadas. La gente se regocijó por el orgullo y la victoria de los negros. Y las personas celebraron el potencial antirracista del primer presidente negro de la nación.

# 23

## Un movimiento antirracista
### 2009-2015

PARA MUCHAS PERSONAS, EL PRESIDENTE OBAMA era un símbolo de esperanza y progreso. Pero para este momento, ya debes saber que las personas no son siempre de una sola manera (como he venido diciendo todo este tiempo). La gente puede ser complicada y contradictoria (lo he venido diciendo también). Barack Obama, al igual que líderes anteriores, como Frederick Douglass, Abraham Lincoln, W. E. B. Du Bois y Booker T. Washington, tuvo momentos en los cuales expresó pensamientos antirracistas. Pero, bajo presión, también cayó de vuelta en ideas asimilacionistas. Y al igual que con los líderes negros anteriores, la asimilación no funcionó.

Los segregacionistas trabajaban incansablemente para destruirlo y desacreditarlo. Lanzaban insultos contra él y la gente negra. Políticos racistas y personalidades de los medios difundían ideas racistas y estereotipos. Cualquier cosa para aplastar el ego que asumían que tenía, siendo un presidente negro. Cualquier cosa para intentar "ponerlo en su lugar".

Y seguían muriendo personas negras. (¿Ves un patrón?)

Aiyana Jones. Trayvon Martin. Tamir Rice. Michael Brown. Las vidas de niños negros se perdían a manos de policías y de aquellos que no valoraban la humanidad negra. Las vidas de los negros se perdían a manos de policías y personas blancas que rara vez eran castigadas por sus acciones..

Y así como en otras partes de la historia racista de Estados Unidos, los antirracistas presionaron desde los márgenes para luchar una vez más. O dos veces más. O tres, cuatro, cinco, seis, siete veces más.

Mujeres negras como Alicia Garza, Patrisse Cullors y Opal Tometi no solo empezaron un hashtag, *#BlackLivesMatter* ("#LasVidasNegrasImportan"), sino que empezaron un movimiento.

#*BlackLivesMatter* era una respuesta directa a la brutalidad policial. Era un grito de guerra, una declaración de amor proveniente de las mentes y corazones de tres mujeres negras —dos de ellas *queer*—. Era un anuncio para todos de que para ser *verdaderamente* antirracistas, debemos también oponernos a *todas* las injusticias, como el sexismo, la homofobia, el colorismo y el clasismo, que, junto al racismo, contribuyen a lastimar tantas vidas negras.

En 2014, *Black Lives Matter* saltó de las redes sociales a carteles de protesta y a gritos en manifestaciones antirracistas en todo el país. Los manifestantes rechazaban la declaración racista de seis siglos: que las vidas negras no importan. *#BlackLivesMatter* se transformó rápidamente de una declaración de amor antirracista de un movimiento antirracista lleno de jóvenes que operaban en todo el país, a menudo liderados por mujeres jóvenes negras.

Y en respuesta a quienes actuaban como si las vidas de los hombres negros fueran más importantes, las feministas antirracistas exigieron audazmente a Estados Unidos que pronunciara el nombre de las afectadas: *#SayHerName* ("#DiSuNombre"), para arrojar una luz sobre las mujeres que también se han visto dañadas por el racismo. Como las hijas antirracistas de Angela Davis, las jóvenes activistas son símbolos de esperanza, convirtiendo su potencial en poder.

# 24

## *Black Lives Matter*
## "Las vidas negras importan"
### 2016-2020

En 2016, la elección presidencial entre la candidata Hillary Clinton y el candidato Donald Trump sorprendió a millones de personas. A diferencia de las elecciones presidenciales del pasado, en las cuales los candidatos sentían que no podían ser tan obvios sobre sus ideas racistas, que en su lugar debían utilizar un lenguaje codificado, Trump hizo lo contrario. La nación escuchó mientras él difundía ideas racistas sobre los mexicanos y los musulmanes. Promovía ideas racistas por todas partes, mientras decía que no era racista al ser confrontado.

Y funcionó.

Ganó.

Trump introdujo rápidamente políticas y prácticas racistas. Inmigración, por ejemplo. Personas que vivían en los Estados Unidos desde hacía años fueron enviadas de regreso a sus países de origen, forzadas a abandonar abruptamente a sus familiares e hijos. La administración de Obama y los presidentes que lo precedieron también habían deportado a familias que cruzaban las fronteras, enviándolas de vuelta a los países de los que intentaban escapar para tener la oportunidad de una mejor vida en Estados Unidos. Pero bajo la administración de Trump, innumerables familias fueron separadas en la frontera entre México y Estados Unidos. Niños fueron separados de sus padres y metidos en jaulas de metal, esperando una decisión sobre lo que pasaría después. En los aeropuertos, se le bloqueaba y, en ocasiones, se le prohibía la entrada al país a ciudadanos musulmanes. Mientras tanto, inmigrantes blancos provenientes de países predominantemente blancos no enfrentaban la misma discriminación y castigo.

Estas políticas alentaron a muchos partidarios de Trump y provocaron actos de odio. Como lo que pasó en Charlottesville, Virginia, en 2017: cientos de supremacistas blancos que estaban enojados por la eliminación de una estatua confederada se reunieron para una manifestación. Estalló la violencia. Una persona perdió la vida y muchas otras resultaron heridas. Trump se negó a condenar la manifestación y las acciones de los supremacistas blancos.

Luego, 2020. Se desató una pandemia mundial. El virus COVID-19 causó la muerte de cientos de miles de americanos. Una vez más, la raza estuvo en el centro de este desastre. La respuesta tardía de Trump al COVID-19 resultó en que personas negras, latinas y nativas se enfermaran y murieran a tasas más altas que las blancas. La falta o el acceso limitado a servicios de salud impidió que muchas personas recibieran la ayuda que necesitaban. Muchos de los considerados "trabajadores esenciales" debían correr el riesgo de exponerse al virus para poder mantener sus empleos, mientras que personas con trabajos mejor pagados se resguardaban en casa. Los negocios y la economía sufrieron. Muchas personas perdieron sus empleos. Ir a la escuela cambió de estar cara a cara en el aula con profesores y compañeros a la modalidad de aprendizaje virtual en casa.

Pero esta no era la única plaga que se extendía por la nación matando a gente negra.

---

Ahmaud Arbery fue perseguido y baleado por hombres blancos mientras trotaba. Breonna Taylor fue baleada por policías en su propio apartamento. Luego, George Floyd: asesinado por un policía blanco mientras una cámara grababa, lo que provocó una indignación que fue alimentada por la frustración de tantas personas negras asesinadas antes que él.

Nuevamente, los antirracistas respondieron con lucha.

El movimiento *Black Lives Matter* respondió y se movilizó, exigiendo justicia para los hombres negros y mujeres negras cuyas vidas fueron arrebatadas por la brutalidad policial. Esta vez, las protestas y los levantamientos se extendieron no solo en la nación, sino alrededor el mundo. Las personas se organizaron, protestando, trabajando y luchando en nombre de la libertad. Las protestas dieron resultado. Gracias a ellas, muchos individuos e instituciones decidieron comprometerse con el cambio.

El movimiento *Black Lives Matter* de hoy está asociado al *Black Power* ("Poder Negro") y a los movimientos por los derechos civiles del pasado.

Personas luchando por leyes que beneficien a todo el mundo.

Personas luchando por asegurarse de que se cumplan esas leyes.

Personas organizándose, protestando, trabajando y luchando. En nombre de la libertad.

Porque las leyes por sí solas nunca han sido suficientemente poderosas para generar libertad para todos: son las personas las que pueden lograr un cambio duradero.

———◆◆◆———

En medio de la pandemia mundial del 2020, hubo otra elección presidencial en los Estados Unidos. Joe Biden, quien se había desempeñado como vicepresidente durante la presidencia de Obama, ahora se postulaba a presidente. Y su vicepresidenta era una mujer afro e indoamericana cuyos padres eran ambos inmigrantes, Kamala Harris.

Los estadounidenses debían una vez más elegir un presidente. Los votantes negros se movilizaron y millones de americanos votaron pensando en la libertad y la justicia.

¡Biden y Harris ganaron! Debido en gran parte a los esfuerzos y acciones de los negros, y especialmente de las mujeres negras, volvería a haber un triunfo histórico para los Estados Unidos. La primera vicepresidenta negra y surasiática americana formó parte del equipo que derrotó a Donald Trump, quien promovía el racismo y la supremacía blanca una y otra vez. Esta victoria podría ser un paso en una dirección cada vez más antirracista, pero aún queda un largo camino por recorrer.

---

Recuerda, este es más que un libro sobre el pasado. Este es un libro sobre el presente, sobre el aquí y el ahora. Un libro sobre todos los días. Un libro que nos ayuda a aprender sobre la historia del racismo en los Estados Unidos. Un libro que nos ayuda a pensar en nosotros mismos y a comprender que debemos luchar constantemente por la libertad y la justicia. Y depende de nosotros continuar esta labor. Es posible que hayas aprendido algunas cosas en este libro que te hagan ver tu vida de manera diferente. Es posible que hayas aprendido sobre personas y cosas de las que te gustaría saber mucho más. Así que este libro es un comienzo, no un final —sigue leyendo, sigue aprendiendo y

# SIGUE HABLANDO SOBRE LA RAZA.

Desde el principio, las ideas racistas han sido estampadas en los Estados Unidos —en la Constitución, las leyes, las políticas, las prácticas y las creencias de los segregacionistas y los asimilacionistas—. Los antirracistas continúan su labor, ayudándonos a aferrarnos a ideas antirracistas y a utilizarlas para levantar a otras personas. A convertir el potencial en poder. Los antirracistas son personas como Angela Davis, como Patrisse Cullors... y, quizás, como tú y yo.

# UN FUTURO ANTIRRACISTA

Querido lector:

¿Cómo te sientes? Espero que este libro te haya dejado algunas respuestas. Espero que quede claro que el constructo de la raza se ha utilizado siempre para obtener y mantener el poder. Se ha utilizado siempre para crear condiciones que nos separen, para mantenernos callados, para mantener andando el privilegio de los blancos y los ricos. Y espero que quede claro que el constructo de la raza no se teje dentro de las personas tanto como en las políticas que la gente sigue y toma como verdaderas.

Se trata de leyes que han impedido a los negros la libertad, el voto, la educación, la vivienda, la atención sanitaria, las compras, los paseos, la conducción, la... respiración.

Leyes que tratan a los seres humanos negros como animales.

Así funciona el racismo. Y solo se necesita es el tipo adecuado de medios de comunicación —historias, películas, programas de noticias— para encenderlo. Para darle forma. Para crear un gran enredo. Esto es lo que la historia nos ha demostrado. Cuenta una historia determinada de una manera determinada; haz una película que te pinte como el héroe; consigue suficiente gente de tu lado para que te digan que tienes razón, y tienes razón —incluso si estás equivocado—. Y una vez que te han dicho que tienes razón por suficiente tiempo, y una vez que el hecho de tener razón te ha llevado a una vida provechosa y privilegiada, harías cualquier cosa para que nadie pueda demostrar que estás equivocado —incluso fingir que los seres humanos no son seres humanos.

Desde Zurara hasta Harriet Beecher Stowe; de Sojourner Truth a Audre Lorde; de Ida B. Wells-Barnett a Zora Neale Hurston; de Frederick Douglass a Marcus Garvey; de *Tarzán* a *El planeta de los simios*; de Public Enemy a Queen Latifah; de Langston Hughes a James Baldwin; de Thomas Jefferson a William Lloyd Garrison; de W. E. B. Du Bois a Angela Davis...

Personas vinculadas a ideas racistas. Personas vinculadas a ideas antirracistas.

¿Y tú, querido lector? ¿Quieres ser un segregacionista (un *hater*), un asimilacionista (un cobarde) o un antirracista (alguien que ama de verdad)? La elección es tuya.

Solo tienes que respirar. Inhala. Aguanta la respiración. Ahora exhala lentamente:

# AHORA.

Pero tengo que advertirte:

Mirar tus redes sociales nunca será suficiente.

Compartir publicaciones nunca será suficiente.

Usar *hashtags* nunca será suficiente.

Es que el odio tiene una forma de convencernos de que solo un poco de amor es en realidad todo el amor. Lo que quiero decir con esto es que nosotros —todos nosotros— tenemos que luchar contra el simple *performance*, las apariencias, y escoger la participación. Tenemos que ser participantes. Activos. Debemos ser jugadores en el campo, en la cancha, en nuestras aulas y comunidades, tratando de *hacer* lo correcto. Porque hace falta una mano entera —ambas manos— para atrapar el odio, no solo un pulgar que envía mensajes de texto y un dedo índice que se mueve por la pantalla.

Pero tengo que advertirte, de nuevo:

No podemos atacar algo que no conocemos.

Eso es peligroso. Y... tonto. Sería como intentar derribar un árbol desde arriba. Si entendemos cómo funciona el árbol, que el poder reside en el tronco y las raíces y que la gravedad está de nuestro lado, podemos atacarlo —cada uno de nosotros con su pequeña hacha— y cambiar la cara del bosque.

Así que aprendamos todo lo que hay que saber sobre el árbol del racismo. La raíz. El fruto. La savia y el tronco. Los nidos construidos con el tiempo, las hojas cambiantes. Así, tu generación podrá por fin, derribarlo activamente.

# LÍNEA DE TIEMPO
## de momentos clave en la historia de Estados Unidos

**1452** — Gomes Eanes de Zurara es contratado para escribir un libro sobre la vida y el tráfico de esclavos del príncipe Enrique de Portugal.

El *San Juan Bautista*, un barco que transporta sesenta africanos esclavizados, llega a las costas de Jamestown, Virginia. — **1619**

**1633** — John Cotton, un ministro puritano, llega a Boston, Massachusetts.

Richard Mather, un ministro puritano, llega a Boston, Massachusetts. — **1635**

**1688** — La Petición Cuáquera de Germantown contra la esclavitud es difundida por los menonitas, un grupo religioso, en Pensilvania.

**1773** — Se publica el libro de Phillis Wheatley *Poemas sobre temas diversos, religiosos y morales*.

Comienza la Guerra Revolucionaria. — **1775**

**1776** — Se firma la Declaración de Independencia.

Se acuerdan el Gran Compromiso y el Compromiso de los Tres Quintos en la Convención Constitucional. — **1787**

**1800** — Gabriel Prosser, un herrero esclavizado, planea una rebelión en Virginia.

La rebelión termina antes de empezar después de que dos esclavos informan a las autoridades de Virginia sobre los planes de Prosser.

Thomas Jefferson se convierte en presidente. — **1801**

Africanos esclavizados — **1804** y sus descendientes en Haití consiguen independizarse de Francia en la Revolución Haitiana.

**1829** — El abolicionista David Walker escribe y distribuye *Un llamamiento a los ciudadanos de color del mundo*.

Nat Turner, un predicador esclavizado, lidera una rebelión en Virginia. — **1831**

El abolicionista William Lloyd Garrison crea un periódico semanal antiesclavista llamado *El libertador*.

**1845** — Se publica *Vida de un esclavo americano* de Frederick Douglass.

**1850** — Se publica *La historia de Sojourner Truth*.

Se publica *La cabaña del tío Tom* de Harriet Beecher Stowe. — **1852**

La Ley de Esclavos Fugitivos exige que las personas esclavizadas fugadas sean devueltas a los esclavistas.

Abraham Lincoln es — **1860** elegido presidente de los Estados Unidos.

**1861** — Comienza la Guerra Civil estadounidense entre el Norte (la Unión) y el Sur (la Confederación).

La Proclamación de — **1863** Emancipación, emitida por el presidente Lincoln, declara la libertad de todas las personas esclavizadas en las zonas confederadas.

**1892** — Ida B. Wells-Barnett publica un folleto titulado *Horrores del Sur: La Ley de Linchamiento en todas sus fases*.

Se publica *Las almas del pueblo negro* de W. E. B Du Bois. — **1903**

El antropólogo Franz Boas publica *La mente del hombre primitivo*, una serie de ensayos sobre la cultura y la raza. — **1911**

Se publica *Tarzán de los monos* de Edgar Rice Burroughs. — **1912**

Se estrena el primer largometraje estadounidense, *El nacimiento de una nación*. — **1915**

Comienza la Gran Migración, un periodo en el que los afroamericanos se trasladan del sur a las ciudades del norte en busca de mejores oportunidades socioeconómicas. — **1916**

Se publica *The Weary Blues* de Langston Hughes, líder literario del Renacimiento de Harlem. — **1926**

**1901** — Se publica *Saliendo de la esclavitud* de Booker T. Washington.

**1909** — W. E. B. Du Bois, Ida B. Wells-Barnett y otros activistas blancos y negros fundan la Asociación Nacional para el Progreso de las Personas de Color (NAACP, por sus siglas en inglés), la organización de derechos civiles más antigua de Estados Unidos.

**1914** — Marcus Garvey crea la Asociación Universal de Desarrollo Negro (*Universal Negro Improvement Association*, UNIA).

— Comienza la Primera Guerra Mundial.

**1920** — El Renacimiento de Harlem, un movimiento intelectual, literario, artístico y cultural afroamericano, comienza en la ciudad de Nueva York.

— La Decimonovena Enmienda de la Constitución de los Estados Unidos otorga a las mujeres el derecho al voto.

El Tribunal Supremo de Estados Unidos dictamina en el caso Shelley contra Kraemer que la discriminación racial en la vivienda es inconstitucional.

El quinto Congreso Panafricano, organizado por W. E. B. Du Bois, se reúne en Manchester, Inglaterra.

**1945**

**1948**

**1954**

Emmett Till, de 14 años, es asesinado en Mississippi.

El Tribunal Supremo de Estados Unidos dictamina en el caso Brown contra el Consejo de Educación de Topeka que la segregación racial en las escuelas públicas es inconstitucional.

**1955**

La organizadora del Comité Coordinador Estudiantil No Violento (SNCC, por sus siglas en inglés), Ella Baker, y otros jóvenes activistas estudiantiles negros de Greensboro, Carolina del Norte, inician "sentadas" para desafiar la segregación en restaurantes y otros lugares públicos.

**1960**

Comienza el movimiento por los derechos civiles.

**1963**

El reverendo Dr. Martin Luther King Jr., líder del movimiento por los derechos civiles, pronuncia su discurso "Tengo un sueño" ("*I have a dream*") en la Marcha sobre Washington por el Trabajo y la Libertad en Washington, DC.

Ruby Bridges es la primera niña afroamericana en asistir a una escuela pública exclusivamente blanca en Nueva Orleans (Luisiana).

Cuatro niñas son asesinadas en el atentado contra la Iglesia Bautista de la Calle 16 en Birmingham, Alabama: Addie Mae Collins, Cynthia Wesley, Carole Robertson y Carol Denise NcNair.

Se aprueba la Ley de Derechos Civiles.

**1964**

El Presidente John F. Kennedy es asesinado.

**1965**

Malcolm X, activista de los derechos humanos y civiles, es asesinado meses antes de que se publique su *Autobiografía de Malcolm X*.

**1966**

Stokely Carmichael se convierte en presidente del Comité Coordinador Estudiantil No Violento.

Se aprueba la Ley del Derecho al Voto.

Bobby Seale y Huey Newton fundan el Partido de las Panteras Negras para la Autodefensa.

**1968**

Se estrena la primera película del *Planeta de los simios*.

**1971**

Angela Davis y miembros del Comité Nacional Unido para Liberar a Angela Davis y a todos los Presos Políticos publican *Si vienen por la mañana: Voces de resistencia*.

El reverendo Dr. Martin Luther King Jr. es asesinado.

Se lanza la canción *Say It Loud: I'm Black and I'm Proud* de James Brown, el Padrino del Soul.

**1977**

*Raíces: La saga de una familia americana* se emite como miniserie de televisión.

El candidato republicano Richard Nixon es elegido presidente.

**1980**

El candidato republicano Ronald Reagan es elegido presidente.

**1989**

Artistas de hip-hop como Public Enemy y Queen Latifah critican la cultura dominante en Estados Unidos y empoderan a la juventud negra con su música.

**1992**

Se producen revueltas en Los Ángeles después de que los policías acusados de golpear brutalmente a Rodney King son declarados inocentes.

La académica y activista antirracista Angela Davis habla de la importancia de apoyar a las mujeres negras en el mundo académico en la conferencia "Mujeres negras en la academia: Defendiendo nuestro nombre, 1894-1994".

**1994**

El candidato demócrata Bill Clinton es elegido presidente.

**2000**

El candidato republicano George W. Bush es elegido presidente.

**2001**

Se celebra la Conferencia Mundial de las Naciones Unidas contra el racismo, la discriminación racial, la xenofobia y otras formas de intolerancia.

**2002**

Se aprueba la ley *No Child Left Behind* ("Que ningún niño se quede atrás") y se amplían las pruebas estandarizadas obligatorias.

Suceden los atentados del 11 de septiembre contra el World Trade Center y el Pentágono. El presidente Donald Trump utiliza posteriormente este atentado como justificación para su orden ejecutiva que impedía a personas de varios países musulmanes entrar a los Estados Unidos.

**2005**

El huracán Katrina arrasa la comunidad pobre y mayoritariamente negra del sur de Luisiana. Más de 1.800 personas mueren.

**2008**

El candidato demócrata Barack Obama se convierte en el primer presidente afroamericano.

**2013** — Alicia Garza, Patrisse Cullors y Opal Tometi co-fundan el movimiento *Black Lives Matter* (BLM por sus siglas en inglés).

El candidato republicano — **2016**
Donald Trump es elegido presidente.

**2017** — Una concentración de nacionalistas blancos sucede en Charlottesville, Virginia.

El virus COVID-19 — **2020**
provoca una pandemia global.

Las protestas y revueltas de BLM recorren la nación y el mundo en respuesta a los asesinatos de George Floyd y Breonna Taylor a manos de policías blancos.

El candidato demócrata Joe Biden es elegido presidente. Kamala Harris se convierte en la primera mujer y la primera persona negra e indoamericana en ser elegida vicepresidenta.

# GLOSARIO

**abolir:** Poner fin por completo a un sistema, práctica o institución.

**antirracista:** Alguien que expresa la idea de que los grupos raciales son iguales y apoya políticas que reducen la desigualdad racial.

**asesinar:** Matar a una persona porque se desea que muera. Puede ser por razones políticas o religiosas.

**asimilacionista:** Alguien que expresa la idea racista de que un grupo racial es cultural o conductualmente inferior, creyendo que un grupo racial puede cambiar para mejor actuando como otro grupo racial.

**autosuficiencia:** Utilizar los propios poderes y recursos en lugar de depender de los de los demás.

***blackface:*** Maquillaje negro utilizado por intérpretes de raza blanca para exagerar y burlarse de las personas de raza negra.

**ciudadano:** Un sujeto legalmente reconocido de un país, estado o mancomunidad en particular.

**colonialismo:** Un país o región que toma el poder y gobierna sobre otro país y sus ciudadanos.

***color-blind* (no ver los colores):** La idea de que alguien "no ve" la raza y, por tanto, está libre de prejuicios raciales.

**colorismo:** Prejuicio o discriminación dentro de un grupo racial o étnico contra individuos de piel más oscura a favor de aquellos de piel más clara.

**contradicción:** Una situación en la que declaraciones o ideas se oponen entre sí.

**convertir:** Cambiar las propias creencias o la fe religiosa de uno, o forzar ese cambio en otro.

**desigualdad:** Distribución desigual de recursos y oportunidades.

**discriminación:** Trato injusto o perjudicial de personas, basado en factores de su identidad.

**equidad:** Justicia, ausencia de prejuicios.

**esclavitud:** La institución y práctica de poseer y tratar a los seres humanos como propiedad y obligarlos a la servidumbre.

**esclavizar:** Convertir a alguien en esclavo.

**estandarizado:** Algo que se ajusta a una idea establecida por la autoridad y que se utiliza como medida, norma o criterio para evaluar.

**estereotipo:** Un juicio generalizado y una imagen o idea simplificada de un tipo particular de persona o cosa.

**feminista:** Alguien que cree en la igualdad social, económica y política de mujeres y hombres.

**fugitivo:** Una persona que ha escapado de un lugar o está escondida para evitar ser arrestada o castigada.

**gueto:** Una parte de una ciudad que es generalmente considerada indeseable y está ocupada por un grupo o grupos de personas que se han visto afectadas negativamente por condiciones sociales, legales o económicas.

**humanidad:** Comportamiento compasivo hacia todas las personas.

**identidad:** Las características que definen quiénes son las personas, la forma en que piensan sobre sí mismas y cómo son vistas por el mundo.

**igualdad:** Un estado de igualdad, especialmente en estatus, derechos y oportunidades.

**inconstitucional:** Una acción que va en contra de la constitución o el gobierno de un país.

**inequidad:** Falta de equidad y justicia.

**inferior:** De menor importancia o valor.

**inhumano:** Cruel, que carece de cualidades humanas de compasión, bondad y misericordia.

**injusticia:** Falta de equidad.

**inmigración:** Mudarse de un país a otro de manera permanente.

**integrar:** Poner fin a la segregación de las personas en las instituciones y la sociedad mediante la combinación de grupos previamente separados.

**justicia:** Equidad basada en las normas jurídicas.

**ley:** El sistema de reglas que un país o comunidad en particular reconoce y hace cumplir.

**liberación:** Libertad del encarcelamiento, la esclavitud u opresión.

**linchar:** Ejecutar a una persona un grupo de gente sin un juicio legal.

**misionero:** Una persona en una misión religiosa, a menudo para promover el cristianismo, en otro país.

**opresión:** Tratamiento o control cruel o injusto ejercido de manera continua.

**pandemia:** Problema generalizado, especialmente una enfermedad, que ocurre en un área geográfica extensa.

**política:** Un principio o método de acción propuesto o seguido por un gobierno, empresa o individuo.

**político:** Una persona que está involucrada profesionalmente en la política, como un candidato o titular de un cargo electo.

**posracial:** Que sugiere un período de tiempo o una sociedad en donde los prejuicios raciales y la discriminación ya no existen.

**privilegio:** Una ventaja, beneficio o inmunidad otorgada o disponible solamente a una persona o grupo en particular.

**protesta:** Una declaración o acción en desacuerdo u objeción a algo.

**racismo:** Prejuicio o discriminación u opresión sistémica hacia una persona o personas, en función de su raza o etnia, en particular una que está marginada.

**racista:** Alguien que apoya una política racista a través de la acción o inacción o que expresa una idea racista.

**radical:** Abogar por un cambio político o social completo.

**raza:** Definición inventada para categorizar a un grupo de personas que comparten un rasgo físico particular, como el color de la piel.

**refugiado:** Una persona que ha sido forzada a abandonar su país para escapar de una guerra, un peligro o un desastre natural.

**renacimiento:** Un movimiento o período de crecimiento intelectual y artístico.

**representación:** Hablar o actuar en nombre de alguien; la descripción o el retrato de alguien o algo de una manera particular.

**resistir:** Luchar contra la fuerza o el efecto de algo; permanecer fuerte.

**revuelta:** Romper o levantarse contra una fuerza o autoridad.

**salvaje:** Indómito; una persona brutal o cruel.

**segregación:** La separación discriminatoria de grupos de personas en función de la raza, etnia o clase.

**segregacionista:** Alguien que expresa la idea de que un grupo racial es permanentemente inferior y apoya la política que mantiene a los grupos separados.

**supremacía:** Tener la máxima autoridad, poder, estatus y dominio sobre los demás.

**supremacista:** Una persona que cree que un grupo en particular, especialmente uno determinado por raza, religión o sexo, es mejor que todos los demás y, por lo tanto, debe dominar la sociedad.

# OTRAS LECTURAS SUGERIDAS

## LIBROS ILUSTRADOS

*Antiracist Baby* [Bebé antirracista] por Ibram X. Kendi, ilustrado por Ashley Lukashevsky (Kokila, 2020)

*Birmingham, 1963* por Carole Boston Weatherford (Wordsong, 2007)

*The Book Itch: Freedom, Truth & Harlem's Greatest Bookstore* [Picadura de libros: Libertad, verdad y las mejores librerías de Harlem] por Vaunda Micheaux Nelson, ilustrado por R. Gregory Christie (Carolrhoda Books, 2015)

*Fifty Cents and a Dream: Young Booker T. Washington* [50 centavos y un sueño: el joven Booker T. Washington] por Jabari Asim, ilustrado por Bryan Collier (Little, Brown Books for Young Readers, 2012)

*Heart and Soul: The Story of America and African Americans* [La historia de América y los afromericanos] por Kadir Nelson (Balzer + Bray, 2011)

*The Highest Tribute: Thurgood Marshall's Life, Leadership, and Legacy* [El mayor tributo: la vida de Thurgood Marshall, su liderazgo y legado] por Kekla Magoon, ilustrado por Laura Freeman (Quill Tree Books, 2021)

*I Have A Dream* [Tengo un sueño] por Dr. Martin Luther King, Jr., ilustrado por Kadir Nelson (Schwartz & Wade Books, 2012)

*I've Seen the Promised Land: The Life of Dr. Martin Luther King, Jr.* [He visto la Tierra Prometida: la vida del Dr. Martin Luther King, Jr.] por Walter Dean Myers, ilustrado por Leonard Jenkins (Amistad, 2004)

*Show Way* [Muéstrame el camino] por Jacqueline Woodson, ilustrado por Hudson Talbott (G. P. Putnam's Sons Books for Young Readers, 2005)

*The Undefeated* [Los invencibles] por Kwame Alexander, ilustrado por Kadir Nelson (Versify, 2019)

*Unspeakable: The Tulsa Race Massacre* [Inexpresable: la massacre de Tulsa] por Carole Boston Weatherford, ilustrado por Floyd Cooper (Carolrhoda Books, 2021)

*Woke: A Young Poet's Call to Justice* [Despierto: el llamado a la justicia de un joven poeta] por Mahogany L. Brown con Elizabeth Acevedo y Olivia Gatwood, ilustrado por Theodore Taylor III, prólogo de Jason Reynolds (Roaring Brook Press, 2020)

## LIBROS PARA LECTORES INTERMEDIOS

*Black Heroes: 51 Inspiring People from Ancient Africa to Modern-Day USA* [Héroes negros: 51 personajes inspiradores de la África Antigua y la actual] por Arlisha Norwood (Rockridge Press, 2020)

*Escape from Slavery: The Boyhood of Frederick Douglass in His Own Words* [Escape de la esclavitud: la infancia de Frederick Douglas en sus propias palabras], editado e ilustrado por Michael McCurdy (Knopf Books for Young Readers, 1993)

*Ruby Bridges Goes to School: My True Story* [Ruby Bridges va a la escuela: mi verdadera historia] por Ruby Bridges (Scholastic, 2009)

*She Persisted: Harriet Tubman* [Ella persistió: Harrit Tubman] por Andrea Davis Pinkney (Philomel, 2021)

*Who Was Sojourner Truth?* [¿Quién era Sojourner Truth?] por Yona Zeldis McDonough (Penguin Workshop, 2015)

## LIBROS PARA LECTORES AVANZADOS

*Betty Before X* [Betty antes de la X] por Ilyasah Shabazz con Renée Watson (Farrar, Straus and Giroux, 2018)

*Brave Black First 50+ African American Women Who Changed the World* [50 valientes pioneras negras: mujeres aformericanas que cambiaron el mundo] por Cheryl Hudson, ilustrado por Erin K. Robinson (Crown, 2020)

*Brown Girl Dreaming* [Niña morena sueña] por Jacqueline Woodson (G. P. Putnam's Sons/Nancy Paulsen Books, 2014)

*A Child's Introduction to African American History* [Una introducción para niños a la historia afroamericana] por Jabari Asim, ilustrado por Lynn Gaines (Black Dog & Leventhal, 2018)

*Finding Langston* [Encontrando a Langston] por Lesa Cline-Ransome (Holiday House, 2018)

*Ghost Boys* [Muchachos fantasma] por Jewell Parker Rhodes (Little, Brown Books for Young Readers, 2018)

*A Good Kind of Trouble* [Un tipo de problema bueno] por Lisa Moore Ramée (Balzer + Bray, 2019)

*King and the Dragonflies* [King y las libélulas] por Kacen Callender (Scholastic Press, 2020)

*Legacy: Women Poets of the Harlem Renaissance* [Legado: las mujeres poetas del Renacimiento de Harlem] por Nikki Grimes (Bloomsbury Children's Books, 2021)

*Loretta Little Looks Back: Three Voices Go Tell It* [Loretta Little mira atrás: tres voces lo dicen] por Andrea Davis Pinkney, ilustrado por Brian Pinkney (Little, Brown Books for Young Readers, 2020)

*March* (*Books 1–3*) [Marcha (Libros 1-3)] por John Lewis con Andrew Aydin, ilustrado por Nate Powell (Top Shelf Productions, 2016)

*Mighty Justice: The Untold Story of Civil Rights Trailblazer Dovey Johnson Roundtree* [Justicia Divina: la historia no contada del pionero de los Derechos civiles Dovey Johnson Roundtree] por Dovey Johnson Roundtree y Katie McCabe, adaptado por Jabari Asim (Roaring Brook Press, 2020)

*Miles Morales: Spider-Man* [Miles Morales: Spider-Man] por Jason Reynolds (Marvel Press, 2017)

*New Kid* [El nuevo chico] por Jerry Craft (Quill Tree Books, 2019)

*One Crazy Summer* [Un verano enloquecido] por Rita Williams-Garcia (Quill Tree Books, 2010)

*One Last Word: Wisdom from the Harlem Renaissance* [Una última palabra: sabiduría del Renacimiento de Harlem] por Nikki Grimes (Bloomsbury Children's Books, 2020)

*The Only Black Girls in Town* [Las únicas muchachas negras del pueblo] por Brandy Colbert (Little, Brown Books for Young Readers, 2020)

*Roll of Thunder, Hear My Cry* [Lloro por la tierra] por Mildred D. Taylor (Puffin Books, 1976)

*This Book Is Antiracist: 20 Lessons on How to Wake Up, Take Action, and Do the Work* [Este libro es antirracista: 20 lecciones sobre cómo despertar, tomar acción y hacer tu trabajo] por Tiffany Jewell, ilustrado por Aurélia Durand (Frances Lincoln Children's Books, 2020)

*We Rise, We Resist, We Raise Our Voices* [Nos levantamos, resistimos, alzamos nuestras voces] editado por Wade Hudson y Cheryl Willis Hudson (Crown, 2018)

*A Wreath for Emmett Till* [Una corona por Emmett Till] por Marilyn Nelson, ilustrado por Philippe Lardy (Houghton Mifflin Harcourt Books for Young Readers, 2005)

# AGRADECIMIENTOS

Cuando reflexiono sobre la plenitud de mi vida, el sentimiento que aflora es la gratitud. Hay tanto y tantos por los que estoy agradecida.

Le agradezco profundamente a Jason Reynolds e Ibram X. Kendi por su genialidad y por invitarme a escribir esta adaptación de *Stamped*. Me siento honrada por su confianza en mí para llevar esta obra a las manos de los lectores más jóvenes. Le estoy increíblemente agradecida al equipo de Little, Brown Books for Young Readers por su apoyo y orientación.

Frank, me alegra haber sido la primera persona que viste en las escaleras de McEwen Hall. Gracias por tu amor perpetuo y por creer en mí. Imani, eres mi mayor bendición. Mi aldea es amplia y profunda. Edward, Mary, Eddie, ustedes son los pilares. Colleen Cruz, Carolyn Denton, Tricia Ebarvia, Shana Frazin, Amanda

Hartman, Portia James y Dana Johansen, ustedes han sido mis anclas.

Quiero agradecer especialmente a tres jóvenes lectores que me han proporcionado valiosos comentarios: Ella Cherry, Aidan H. y Dahlia Tomei. Ustedes viven la sabiduría de las palabras de Audre Lorde: "No son nuestras diferencias lo que nos divide; es nuestra incapacidad para reconocer, aceptar y celebrar esas diferencias". Espero que ustedes y todos los niños que lean este libro sigan marcando el camino.

Sonja Cherry-Paul

NATHAN BAJAR

**JASON REYNOLDS** es autor de varios *bestsellers* del *New York Times*, entre los que se encuentran *When I Was the Greatest*; *Boy in the Black Suit*; *All American Boys* (Chicos típicamente americanos, coescrito con Brendan Kiely); *As Brave as You*; *For Every One*; la serie *Track* (*Ghost, Patina, Sunny and Lu*); *Long Way Down*; *Stamped: Racism, Antiracism, and You* (El racismo, el antirracismo y tú, en coautoría con Ibram X. Kendi); y *Look Both Ways*. Ha sido finalista del National Book Award en dos ocasiones. Ha recibido un premio Newbery, un premio Printz y varios premios Coretta Scott King. Además, ha sido ganador de un premio Kirkus, dos premios Walter Dean Myers y un premio NAACP Image, entre otros galardones. Vive en Washington, DC, y te invita a visitarlo en línea en jasonwritesbooks.com.

STEPHEN VOSS

El **DR. IBRAM X. KENDI** es uno de los autores más vendidos del *New York Times*. Preside la Cátedra Andrew W. Mellon de Humanidades en la Universidad de Boston y es director fundador del Centro de Investigación Antirracista de la Universidad de Boston. Es columnista de ideas en *The Atlantic* y corresponsal de CBS News. Es autor de numerosos libros, entre ellos *Stamped from the Beginning: The Definitive History of Racist Ideas in America* (Marcados al nacer: La historia definitiva de las ideas racistas en Estados Unidos), ganador del National Book Award a la no-ficción, y cuatro *bestsellers* del *New York Times*: *How to Be an Antiracist* (Cómo ser antirracista); *Stamped: Racism, Antiracism, and You* (Stamped: racismo, antirracismo y tú; en coautoría con Jason Reynolds); *Antiracist Baby* (Bebé antirracista, ilustrado por Ashley Lukashevsky) y *Four Hundred Souls* (coeditado con Keisha N. Blain). Vive en Boston, Massachusetts, y te invita a visitarlo en línea en ibramxkendi.com.

La **DRA. SONJA CHERRY-PAUL** es educadora y escritora y cofundadora del Instituto para la Equidad Racial en la Alfabetización. Es directora de diversidad y equidad en el Proyecto de Escritura y Lectura del Teachers College en la Universidad de Columbia. Como antigua profesora de inglés de secundaria, Sonja desarrolló planes de estudio centrados en la alfabetización racial en las escuelas de primaria y secundaria. Realiza presentaciones en conferencias educativas y trabaja con educadores de todo el mundo, proporcionando desarrollo profesional en la enseñanza de la lectura y la escritura antirracista.

**Rachelle Baker** es una artista multidisciplinar de Detroit, Michigan. Ha ilustrado los libros *Shirley Chisolm Is a Verb* de Veronica Chambers y *Making Our Way Home: The Great Migration and the Black American Dream* de Blair Imani. Su trabajo ha aparecido en el *New York Times*, la revista *New York* y *Entertainment Weekly*, entre otros, así como en Netflix.